책을 구매하면 받을 수 있는 특별한 혜택!

『인스타 스토리, 어디까지 꾸며봤니
독자님께 특별부록 전자책을 모두 제

『인스타 스토리, 어디까지 꾸며봤니』목

반응형 스티커로 소통하기

인스타그램 스토리 꾸미기를 통해 팔로워들의 이목을 끌었다면 이번에는 반응형 스티커로 팔로워와 다양한 방식으로 소통해 보세요.

스토리 꾸미기에 유용한 앱

인스타그램 스토리를 꾸밀 때 함께 쓰면 좋은 앱들을 소개합니다. 스토리뿐만 아니라 평소에도 활용도가 높은 앱들을 엄선했습니다.

아무도 알려주지 않은 GIF 스티커 모음

스토리 꾸미기에서 화룡점정과도 같은 GIF 스티커! 어떻게 검색해야 예쁜 스티커를 찾을 수 있는지 그리고 어떻게 사용하면 좋을지에 대해서도 다뤘습니다.

아무도 알려주지 않은 효과 필터 모음

인스타그램에서 효과 필터는 대부분의 사진이나 영상에 적용해도 좋은 결과를 얻을 수 있습니다. 스토리를 꾸밀 때 사용해 보면서 괜찮았던 필터를 엄선하여 소개합니다.

특별부록
다운로드 하는 방법

책을 구입하신 후 다음 방법으로 『인스타 스토리, 어디까지 꾸며봤니』
특별부록 전자책을 다운로드 받으실 수 있습니다.

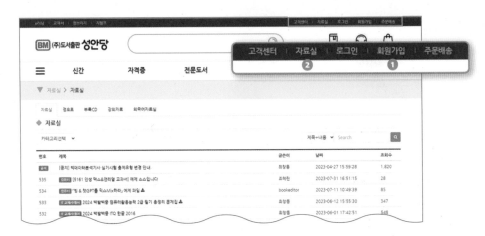

❶ 황금부엉이 출판사의 그룹사 홈페이지(cyber.co.kr)에 접속 후 회원가입을 합니다.

❷ '자료실' 메뉴를 클릭합니다.

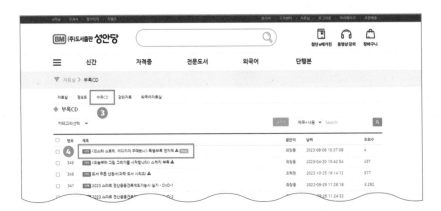

❸ '부록CD' 메뉴를 클릭합니다.

❹ 목록에서 '<인스타 스토리, 어디까지 꾸며봤니> 특별부록 전자책'을 클릭해서 다운로드 받습니다.

❺ 압축파일의 암호를 입력합니다.

압축파일 암호 xmrqufqnfhr2023

인스타 스토리, 어디까지 꾸며봤니

인스타 스토리,
어디까지 꾸며봤니

공률 지음

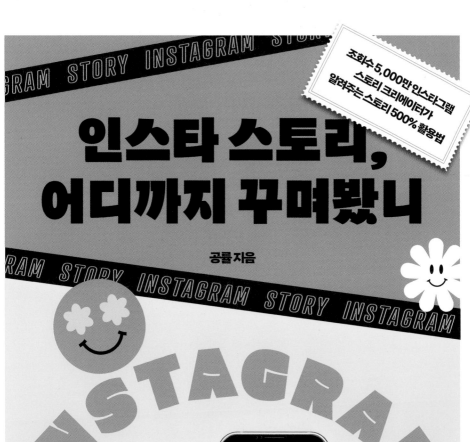

BM 황금부엉이

내가 '스토리 꾸미기'에 진심이 된 이유

이 책은 남들보다 더 예쁘고 감각적으로 스토리를 꾸미고 싶은 분들에게
그동안 셀 수도 없이 많은 스토리를 꾸미면서 터득한 노하우들을
공유하기 위해 썼습니다. 조금이라도 더 빨리 스토리를 꾸미는 능력을
향상시키고 싶다면 아래에 쓴 제 개인적인 이야기는 넘기고
다양한 예제들이 준비된 다음 장으로 넘어가도 좋습니다.
하지만 제가 어떻게, 왜 24시간이 지나면 사라질 이 스토리에 모든 것을
바치게 되었는지 궁금하다면 잠시 시간을 내어 편하게 봐주세요.

2016년 여름, 인스타그램에 스토리 기능이 출시되었고 이때까지만 해도
내 계정은 평범 그 자체였다. 팔로워도 간신히 100명이 넘는 정도에
전부 지인뿐이었고 가끔 일상 사진들을 올리면서 소통하는 정도였다.
이때는 피드를 꾸미고 브랜딩한다는 개념조차 없었다.

그러던 어느 날 살고 있던 동네에 들어선 새 건물 앞을 지나다 그 건물
반지하에 카페가 곧 오픈한다는 포스터를 보았다. 집과 굉장히 가까웠던지라
반가워서 오픈 날짜를 머릿속에 되뇌었다.
오픈 당일, 카페에는 놀라운 장면이 계속됐다. 정말 외진 골목에 자리 잡았고
정식 오픈도 아닌 가오픈 첫날(이때는 가오픈의 개념도 잘 몰랐다) 한적한 시간
대였음에도 불구하고 카페는 만석이었고 심지어 기다리는 사람들도 있었다.
들어가 보니 트랜디한 인테리어에 힙한 음악이 공간을 가득 채우고 있었고,
사장님 또한 엄청 멋있는 분이었다. 그런데 아무리 그렇다고 해도
이 외진 골목까지 찾아오는 사람들이 이렇게나 많다고?
꽤나 신선한 충격이었다. 그날 이후 이곳은 내 최애 카페가 되었고

자주 가다 보니 사장님과도 친분을 쌓게 되었다. 그러면서 알게 된 사실은 사장님이 인스타그램에서 꽤 유명한 인플루언서였다는 것이다. 정확히 어떻게 유명해졌는지는 듣지 못했지만 사장님 계정의 피드를 보니 충분히 납득할 수 있었다. 전체적으로 분위기가 통일되어 있고 사진마다 사장님의 일상들이 감각적으로 담겨 있었다. 사람들이 좋아할 수밖에 없었다. 사장님은 그 유명세를 기반으로 자신만의 감성을 담아 카페를 차린 것이었다. '아, 인스타그램 같은 SNS가 이렇게 중요하구나…'라는 사실을 처음 깨달은 순간이었다.

그래 그럼 나도 인스타그램 계정을 키워 보자! 가장 먼저 한 일은 그동안 올린 사진들을 정리하는 것이었다. 다음 단계는 주기적으로 올릴 수 있는 콘텐츠를 정하는 것. 당시 나는 취미로 캘리그라피를 하고 있었고 될지 안 될지 확신은 없었지만 당장 꾸준히 올릴 수 있는 것은 이것밖에 없었다. 그간 쌓은 작업물들을 꾸준히 업로드했다. 인스타그램을 이용하는 시간이 늘다 보니 자연스레 스토리 기능도 자주 접하게 되었다. 이때는 펜 기능을 주로 사용하여 사진이나 영상 위에 글씨를 써서 업로드했다. 꾸준이 활동하다 보니 시작한 지 6개월만에 팔로워 1,000명을 달성했다. 하지만 아무래도 사람들이 많이 찾는 주류 콘텐츠가 아니다 보니 노출과 성장에 한계를 느끼기 시작했고 새로운 콘텐츠를 고민할 수 밖에 없었다. 그래서 생각한 콘텐츠가 바로 '카페 투어'였다.

단골 카페 사장님의 영향도 있었지만 시기가 굉장히 적절했던 것이 이때 '인스타 감성 카페'의 수요가 상당했다. 시간 날 때마다 인테리어가 멋진 카페, 신상 카페, 가오픈 카페를 다니며 그곳의 공간과 메뉴들을 사진으로 담았고 나만의 색감으로 보정하여 나름의 법칙으로 피드를 채워나갔다. 그러다 보니 자연스레 캘리그라피 게시물은 점점 피드의 아래쪽에 묻히게 되었고 내 계정의 주 콘텐츠는 '신상 카페 소개'가 되었다. 그러면서 피드와 스토리의 역할을 명확히 구분하기 시작했는데 피드에는 분위기에 맞추어 잘 보정된 사진을 올리고 스토리에는 내가 갔던 공간의 분위기를 꾸밈없이 담은 사진을 실시간으로 업로드했다.

그러다 문득 스토리를 그냥 올리기에는 뭔가 너무 심심하다는 생각이
들었다. 그때 포스터 디자인에 관심이 가던 참이었다. 포토샵은 다룰 줄
몰랐지만 능숙하게 다룰 수 있는 스토리 기능을 활용해 내가 찍은 사진을
포스터 느낌으로 꾸며 보았다. 그리고 생각했다. 생각보다 할만하네?
게다가 재밌잖아? 예상치 못한 재미를 발견한 나는 스토리를 올릴 때마다
나만의 스타일로 꾸미기 시작했고 주변의 반응 또한 괜찮았다.

재미 + 긍정적인 반응 + 관심
= 스토리 꾸미기에 시간을 쏟기에 충분한 이유

하지만 스토리는 하루가 지나면 사라지는 휘발성 콘텐츠였고 그게 너무
아까웠던 나는 스토리가 만들어지는 과정을 타임랩스 영상으로 제작하여
올리기 시작했다. 그런데 이게 또 생각보다 반응이 괜찮다 보니 여기서 또
주 콘텐츠가 바뀌게 된다. '스토리 꾸미기'. 그리고 이때부터는 카페 사진뿐만
아니라 다양한 소재들로 스토리를 꾸미기 시작했다. 좋아하는 음악, 가수,
스트리머, 캐릭터 등 내 취향을 기반으로 한 관심사들로부터 영감을 받아서
다양한 디자인의 스토리들을 꾸몄다. 그러나 여전히 스토리 꾸미기는
취미에 지나지 않았다.

2020년 어느 날 받게 된 DM 한 통,

"안녕하세요, 갑자기 DM 받으셔서 놀라셨죠? 샌드박스 네트워크의
○○○입니다. 평소 올려 주시는 게시물 흥미롭게 잘 보고 있습니다.
직접 만나 뵙고 한번 이야기를 나눴으면 해서요."

샌드박스? 내가 즐겨보는 유튜버가 소속되어 있는 그 MCN 샌드박스?
처음에는 단순한 협업 제안이나 외주 제작을 맡기려나 보다 하고 생각했다.
그래 내가 언제 이런 대기업과 미팅을 해보겠어. 좋은 경험 한 번 쌓아보자
싶은 가벼운 마음으로 미팅 일정을 잡았다.

"저희 샌드박스는 이러이러한 회사고, 만약 저희 소속 크리에이터가 되신다면…"
미팅 테이블에서 나에게 들려오는 얘기는 예상과 전혀 달랐다.
나는 분명 좋은 경험 한 번 해보자는 가벼운 생각으로 나왔는데
소속 크리에이터? 내가 미팅 내내 어리둥절한 모습으로 있자 DM으로 연락
주셨던 매니저님이 웃으시면서 말씀하셨다.
"저희가 연락드린 이유는 다름이 아니라 저희 회사 소속 크리에이터
제안을 드리기 위해서였습니다."
상상도 못한 전개였다! 그 당시 나는 팔로워 숫자가 그렇게 많은 것도
아니었고(5천 명) 심지어 유튜브 활동을 하고 있던 것도 아니었다.
단순히 올리기 심심해서 시작한 스토리 꾸미기가 만들어 낸 믿을 수 없는
이야기였다. 스토리 꾸미기에 대한 내 진심이 100% 가득 채워지는
순간이었다. 더 이상 진심이 아니면 안 되는 이유가 생겨버린 것이다.

정말 말도 안 되는 계기로 갑작스럽게 나는 샌드박스 소속 크리에이터가
됐었고, 스토리 꾸미기를 시작한 지 3년 만에 많은 성장을 이뤄냈다.
현재는 1인 크리에이터로서 여러 기업과 협업하며 다채로운 스토리를
꾸미고 있다. 이제는 이 책을 통해서 더 많은 사람들에게 스토리의 중요성과
스토리를 꾸미는 재미를 알리고 싶다.

1장 인스타그램 스토리로 보는 나의 일상

2장 특별한 날에, 특별한 스토리

3장 일상 속 디자인을 담은 스토리

4장 음악, 그리고 스토리

5장 스마트폰 UI를 활용한 스토리

6장 스토리에 게시물 추가하기

기초 다지기

INSTAGRAM STORY

인스타그램 스토리가
도대체 뭐길래

스토리 기능의 등장

2016년 8월, 인스타그램에 사용자가 사진이나 영상을 찍고 효과와 레이어를 추가하여 공유할 수 있는 스토리 기능이 출시되었습니다. 초기에는 스냅챗과 기능이 비슷하다고 비판받기도 했지만, 간편하게 일상을 공유할 수 있는 스토리 기능에 열광하는 사람들이 점차 늘어났고 얼마 지나지 않아 인스타그램 스토리 사용자 수는 스냅챗 사용자 수를 크게 압도했습니다.

이후 인스타그램 스토리는 꾸준히 성장했고 미국 매체인 테크크런치(TechCrunch)의 보고서에 따르면 2019년 인스타그램 스토리의 일일 활성 사용자 수는 5억 명에 도달했습니다.

또 다른 매체인 미디어킥스(MediaKix)의 통계에 따르면, 인스타그램 스토리 사용으로 앱 평균 이용 시간이 15분에서 54분으로 늘었으며 메인 인스타그램 사용자 3명 중 1명이 스토리에서 본 제품에 관심을 가진다고 합니다.

이처럼 인스타그램 스토리는 대성공을 거두었고 지금까지도 브랜딩이나 제품 마케팅, 프로모션을 할 때 절대 빠져서는 안 되는 필수 콘텐츠가 되었습니다.

사람들이 스토리를 이용하는 이유

여러 이유가 있겠지만 인스타그램 스토리를 쓰는 가장 큰 이유는 간편성과 편의성 때문입니다. 피드 게시물은 보정, 전체적인 분위기, 본문 내용, 해시태그 등 업로드하기까지 신경 써야 할 것들이 꽤 많습니다. 게시물은 내가 지우기 전까진 피드에 영구적으로 남아 있기 때문에 아무렇게나 만들어 함부로 올릴 수 없습니다.

하지만 스토리는 업로드 후 24시간이 지나면 자동으로 사라지기 때문에 상대적으로 부담 없이 내 일상과 생각을 더 자유롭게 공유할 수 있고 그 스토리를 소비하는 입장에서도 진정성과 친밀감을 더 느낄 수 있습니다.

과거의 스토리와 현재의 스토리

스토리는 부담없이 가볍게 나의 일상과 생각을 공유한다는 기능적인 측면에서 과거와 현재가 큰 차이를 보이진 않습니다만, 중요도 면에서는 그 차이가 있습니다.

대부분의 인스타그램 이용자는 앱을 켜자마자 팔로우한 계정의 스토리를 먼저 확인합니다. 내가 평소 관심이 있는 계정의 소식을 알고리즘이 우선적으로 보여주기 때문에 자연스럽게 우리는 스토리 버튼을 누르게 됩니다. 피드 게시물 확인은 그다음이죠.

요즘 인스타그램은 내가 팔로우하고 있는 모든 계정의 새로운 게시물을 바로바로 보여주지 않습니다. 오히려 새로운 소식은 스토리를 통해 접하는 경우가 훨씬 많습니다. 실제로 피드에 올린 사진의 노출이 눈에 띄게 줄었다고 호소하는 사람도 많아졌습니다.

최근 메타의 발표에 따르면 인스타그램 이용자들이 앱 내에서 가장 많은 시간을 보내고 있는 콘텐츠 1위는 '릴스'이고, 그다음이 '스토리'였습니다. 인스타그램 역시 이 부분을 인지하고 스토리에 더 많은 기능들을 추가하고 프로필 크기를 키우는 등 더욱더 스토리의 포지션을 강화하고 있습니다. 드디어 대 스토리의 시대가 찾아온 것입니다.

스토리를 꾸며야 하는 이유

제가 스토리를 처음 꾸밀 때만 해도 주변에서 하루만 지나면 사라질 스토리에 뭐 하러 그렇게 정성을 쏟냐는 얘기를 많이 들었습니다(실은 요즘도 종종 제 계정에 그런 댓글이 달리고 있긴 합니다).

그때는 반박할 수 없는 사실이라 "그냥 재밌어서"라고 대답할 수밖에 없었습니다. 제가 생각하기에도 그다지 효율적인 행동은 아니었으니까요. 그리고 정말 별다른 이유 없이 순수하게 재밌어서 스토리에 시간을 쏟았습니다. 하지만 지금은 상황이 많이 바뀌었습니다. 만약 계정의 노출도를 더 올리고 싶고 브랜드로서 가치를 높이고 싶다면 자신 있게 말씀드릴 수 있습니다.

"당장 스토리부터 꾸미세요!"

지금도 스토리는 인스타그램에서 상당히 많은 비중을 차지하고 있습니다. 스토리를 무심코 넘기다 보면 순간 멈칫하게 되는 순간들이 있는데 매우 높은 확률로 그 스토리는 '광고'일 가능성이 큽니다. 왜냐하면 우리에게 보여지는 광고는 최근 나의 관심사를 기반으로 설정되기 때문입니다. 인간은 본능적으로 동적인 변화에 상당히 민감합니다. 스토리만 하더라도 사진보다는 영상을 더 오래 보게 되는 것도 바로 이 때문입니다. 일상적인 스토리들 사이에 시선을 사로잡는 스토리가 나타난다면 그 짧은 순간에도 멈칫하고 주목할 수밖에 없습니다. 지금까지 수없이 넘겼던 스토리 중 어떤 스토리가 기억에 남는지 한번 떠올려보면 이해하기 쉬울 겁니다.

그렇다고 지금 당장 화려하게 스토리를 꾸미라는 얘기가 아닙니다. 단순히 사진 한 장 올리는 것보다 배경색 하나만 바꿔도, GIF 스티커 하나만 추가해도 훨씬 더 많은 사람들의 시선을 조금 더 붙잡을 수 있다는 얘기입니다. 또한 스토리 꾸미기는 가성비 좋은 취미가 될 수 있습니다. 다이어리 꾸미기, 포토카드 꾸미기, 방 꾸미기 등 이미 다양한 종류의 꾸미기 취미가 있습니다만 스토리 꾸미기만의 아주 큰 장점이 있습니다. 바로 특별한 준비물이 따로 필요 없다는 것입니다. 심지어 비용도 전혀 들지 않습니다. 사용하고 있는 스마트폰으로 언제 어디서든 즐길 수 있는 취미입니다.

인스타그램 스토리는 포토샵 같은 전문적인 편집 프로그램이 아니라 제약도 있고 하다 보면 불편하거나 답답한 점도 있지만, 걱정하지 마세요. 5년 넘게 스토리만 꾸민 제가 하나하나 다 알려드리겠습니다.

"누르지도 않은 글자나 사진이 갑자기 눌려서 자꾸 반복하게 돼요"

"스토리 따라 만들다가 핸드폰 집어던질 뻔 했어요"

"어떻게 그렇게 실수 없이 정교하게 작업하세요?"

제 영상을 보고 스토리 꾸미기를 시작하신 분들이 푸념을 늘어놓곤 합니다.

정말 오랜 시간 공들여 스토리를 만들고 있는데 갑자기 다른 게 선택되어 망칠 때. 호흡을 가다듬고 다시 만들었는데 또 똑같은 실수를 반복했을 때 그 절망감…. 차라리 정말로 내가 잘못 눌렀으면 덜 억울했을 텐데, 저도 많이 경험했던 일입니다. 스토리 꾸미기에 익숙해졌다고 생각하는 지금도 가끔 잘못 누르곤 합니다.

아무래도 인스타그램 스토리가 포토샵 같은 전문 편집 프로그램이 아니기도 하고 작은 화면 안에서 조작하기 때문에 친절한 기능 설명을 기대하긴 어렵습니다. 지금부터 제가 5년 넘게 스토리 기능을 다루면서 수많은 착오 끝에 얻은 노하우를 차근차근 설명해보겠습니다. 근본적인 문제를 해결할 수는 없지만 다음 방법들을 익히고 나면 이전과 같은 대참사를 방지할 수 있고 스토리 꾸미기 또한 훨씬 수월해질 겁니다.

조작법

제가 스토리 강의를 하면서 알게 된 사실인데 스토리를 꾸
밀 때 한 손만 사용하는 분들이 꽤 많았습니다. 안 그래도
작은 화면이고 인터페이스 또한 친절하지 않은데 한 손만
사용하게 되면 정교한 조작이 정말 어렵습니다. 그래서 스
토리를 꾸밀 때는 반드시 양손을 사용해야 합니다. 저는 주
로 왼손 엄지, 오른손 검지를 사용합니다.

내가 누른 이 오브젝트가 제대로 선택될 거라 함부로 믿
으면 안 됩니다. 믿은 만큼 실망감도 커지는 법이니까요. 잘
못 눌릴 수 있을거라 항상 의심하고 신중하게 선택해야 합니다.

크기 조절, 이동

글자, 사진 등 오브젝트의 크기나 위치를 조정할 때 절대 손가락으로 집은 상태 그대로 조작하지 않습니
다. 터치한 그대로 조작하게 되면 손가락이 오브젝트를 가리고 있기 때문에 정교한 작업이 어렵습니다.

먼저 검지 끝으로 오브젝트를 선택한 후 살짝 움직여서 확인 후 반대쪽 손가락을 화면에 빈 곳 아무
데나 올립니다. 이미 검지로 오브젝트 잡고 있기 때문에 다른 손가락으로 터치해도 괜찮습니다. 그 상
태에서 처음 선택한 손가락을 떼고 두번째 손가락으로 조작해줍니다. 이렇게 하면 손가락이 오브젝트
를 가리지도 않고 직접적인 터치 없이도 정교한 조작이 가능합니다.

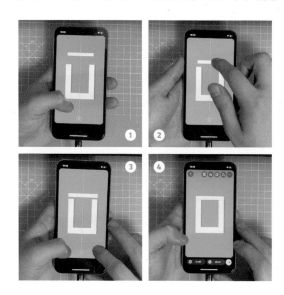

선택 영역 이해하기

스토리를 꾸미다 보면 종종 멀리 있는 글자가 뜬금없이 선택돼서 움직여지는 경우가 있습니다. 하지만 사실은 여러분이 선택한 게 맞습니다. 눈에 보이지 않는 영역을 선택한 겁니다. 그리고 그 오브젝트는 100% 처음 크기보다 확대되어 보입니다.

예를 들어 두 손가락으로 글자의 크기를 키우면 선택 가능 영역 또한 함께 커집니다. 따라서 여러분이 누른 것은 글자의 본체가 아닌 늘어난 선택 가능 영역인 겁니다. 이 원리를 알고 있느냐의 차이도 굉장히 큽니다.

선택 가능 영역

이해를 돕기 위해 연출된 예시입니다.

글자 입력하고 '완료' 누르지 않기

가장 많은 실수가 일어나는 순간이 바로 글자나 GIF 스티커를 추가해서 이동할 때일 겁니다. 크기가 작은 GIF는 저도 잘못 누를 때가 많은데 적어도 글자만큼은 그 피해를 줄일 수 있습니다. 글자 입력한 후 '완료' 버튼을 누르지 않아도 그 자리에서 바로 이동이 가능합니다. 이렇게만 해도 글자를 선택해야 하는 과정을 생략할 수 있기 때문에 다른 오브젝트가 눌리는 것을 방지할 수 있습니다.

아쉽게도 안드로이드는 '완료' 버튼을 눌러야만 글자 선택이 가능합니다. 다만 터치 민감도가 아이폰보다 높기 때문에 손가락 끝으로 오브젝트의 중앙을 정확히 누른다면 다른 오브젝트가 선택되는 위험을 줄일 수 있습니다.

오브젝트 많이 쓰지 않기

제 스토리들은 대부분 오브젝트(글자, 사진, GIF 등)를 많이 쓰지 않습니다. 그동안의 경험에서 비롯된 것으로 너무 많은 오브젝트를 쓰는 경우 그만큼 실수할 위험이 높아지게 돼서 특별한 경우를 제외하고 최소한의 오브젝트로 스토리를 꾸밉니다.

저장, 임시 저장 기능 활용하기

별로 추천드리지 않습니다만 되돌리기 기능이 없기 때문에 그나마 유일한 대안이 바로 저장과 임시 저장입니다. 스토리를 꾸미는 도중 왼쪽 상단의 뒤로 가기를 누르면 지금까지의 과정을 임시 저장할 수 있습니다. 내 손가락을 아직 믿기 힘들다면 중간중간 임시 저장해주세요. '저장'은 최후의 보루입니다.

여기서 주의할 점은 한 번 저장하면 모든 과정이 하나의 배경으로 저장되어 추후 수정이 불가능하기 때문에 더 이상 수정할 게 없을 때 사용해야 한다는 점입니다.

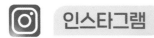 인스타그램

스토리 도구

 스토리 편집 화면

❶ **뒤로 가기** 앨범으로 돌아갑니다. 꾸미는 도중이라면 임시 저장 안내창이 뜹니다.

❷ **문자 도구** 문자를 입력하고 꾸밀 수 있는 메뉴입니다.

❸ **스티커 도구** 스토리를 꾸밀 수 있는 각종 스티커들이 있는 메뉴입니다.

❹ **효과 필터 도구** 스토리 배경을 꾸밀 수 있는 필터들이 있는 메뉴입니다.

❺ **더보기** 그리기 도구와 저장하기가 있습니다.

❻ **그리기** 배경에 직접 그릴 수 있는 펜 도구가 있는 메뉴입니다.

❼ **저장** 스토리를 앨범에 저장합니다.

💬 문자 도구

여기에서 글자를 입력하고 꾸며서 스토리에 추가할 수 있습니다.

❶ **정렬** 글자의 정렬을 선택할 수 있습니다. (가운데/왼쪽/오른쪽)

❷ **색상표** 글자의 색상을 변경할 수 있습니다.

❸ **배경 꾸미기** 글자의 배경을 추가할 수 있습니다.

❹ **애니메이션** 글자에 애니메이션을 추가할 수 있습니다.

❺ **완료** 입력과 꾸미기를 마치고 스토리에 추가합니다.

❻ **크기 조절 바** 입력한 글자의 크기를 조절할 수 있습니다. 최대로 올리고 글자를 확대하면 깨지는 현상을 방지할 수 있습니다.

❼ **폰트** 글자의 폰트를 선택할 수 있습니다.

글자의 정렬 상태를 변경할 수
있습니다. 기본 상태는 가운데
정렬입니다. 한 번 누르면 왼쪽
정렬이 되고, 두 번 누르면 오
른쪽 정렬이 됩니다.

색상표에서 글자의 색상을 변
경할 수 있습니다. 색상표를 길
게 누르면 더 많은 색상의 팔레
트가 나옵니다. 원하는 색상에
서 손가락을 떼면 변경됩니다.
스포이드를 사용하면 스토리
화면 내에서 색상 선택이 가능
합니다.

글자에 배경(음영)도 넣을 수 있습니다. 한 번 누르면 글자에 배경이 생깁니다. 두 번 누르면 글자와 배경 색상이 반전됩니다. 배경의 종류는 폰트마다 다릅니다.

글자에 애니메이션 효과를 줄 수도 있습니다. 폰트마다 애니메이션의 종류가 다릅니다.

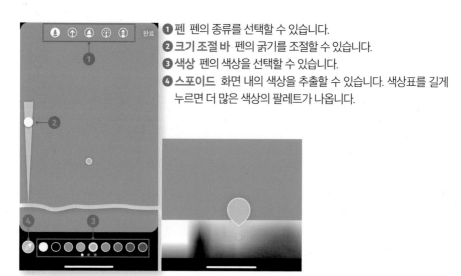

❶ 펜 펜의 종류를 선택할 수 있습니다.
❷ 크기 조절 바 펜의 굵기를 조절할 수 있습니다.
❸ 색상 펜의 색상을 선택할 수 있습니다.
❹ 스포이드 화면 내의 색상을 추출할 수 있습니다. 색상표를 길게 누르면 더 많은 색상의 팔레트가 나옵니다.

1 **기본 펜** 기본적인 일반 펜입니다.

2 **화살표 펜** 그리기를 마친 곳에 자동으로 화살표가 생성됩니다.

3 **형광펜** 반투명한 펜입니다.

4 **네온펜** 네온 조명 효과가 들어간 펜입니다.

5 **지우개** 펜으로 그린 것들을 지울 수 있으며 길게 누르면 한 번에 지워집니다.

스토리를 꾸미는 도중 뒤로 가기를 누르면 다음과 같은 안내창이 뜹니다. 임시 저장을 누르면 지금까지의 변경 사항이 저장됩니다 (최대 7일).

기초 다지기

1장

인스타그램 스토리로 보는 나의 일상

INSTAGRAM STORY

영화 관람 인증 스토리

사진 출처 @dasor.i

더 이상 티켓, 팝콘만 덩그러니 나온 사진은 그만!

포토 카드 디자인으로 조금 더 특별하게 영화 관람을 스토리에 인증해보세요!

따라하기 QR코드

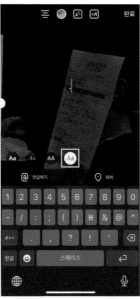

1 사진을 불러온 뒤 화면이
꽉 차도록 알맞게 조정한
후 문자 도구를 열어줍니다.

2 오른쪽 끝 마지막 폰트로
마침표(.)를 입력한 후 글
자 배경 꾸미기를 두 번 누릅
니다. 왼쪽의 크기 조절 바를
최대로 올리고 스페이스를 여
러 번 눌러 모양을 늘립니다.
생성된 사각 프레임을 화면의
가운데에 배치합니다.

Tip

화면 가운데에 배치할 때는 가로
로 된 직사각형을 세로로 돌리면
됩니다.

029

3 상단의 스티커 메뉴에서 앨범 아이콘을 눌러서 원하는 사진을 추가합니다.

Tip
사진 비율은 5:7을 권장합니다.

4 사진을 여러 번 눌러 직각 모서리 모양으로 변경한 후 박스 위에 배치합니다.

5 글자 도구에서 끝에서 두 번째 폰트로 마침표(.) 6개를 입력한 후 왼쪽의 크기 조절 바를 최대로 올려 글자의 크기를 키웁니다. 생성된 점들을 프레임 위아래에 각각 배치합니다.

Tip

표시된 폰트로 입력해야 정사각형 모양의 마침표를 사용할 수 있습니다. 글자 크기를 키울 때 뒤쪽 직사각형을 건드리면 처음부터 다시 진행해야 하니 주의하세요.

6 영화와 관련된 GIF 스티커로 프레임 주변을 자유롭게 꾸며줍니다. GIF 스티커를 검색하려면 스티커 메뉴를 선택하고 GIF 아이콘을 누른 후 검색 창에 단어를 입력합니다(추천 키워드: film, movie, cinema, popcorn, coke).

7 더보기(…)의 그리기 도구에서 형광펜을 선택한 후 하단의 스포이드로 사진 속에서 배경색으로 사용할 색상을 고릅니다.

8 화면을 길게 눌러서 배경 전체를 칠합니다. 왼쪽 하단에 영화 제목, 관람 날짜 등 관련 정보들을 입력하면 완성!

맛집 지도 스토리

지도와 돋보기 이모티콘을 활용한 스토리 꾸미기입니다.
맛집이나 카페에서 만든 추억을 스토리로 남겨보세요!

따라하기 QR코드

1 지도 앱에서 지도 이미지를 캡처해서 스토리로 불러옵니다. 상단의 스티커 메뉴에서 앨범 아이콘을 눌러 맛집에서 찍은 대표 사진을 추가합니다.

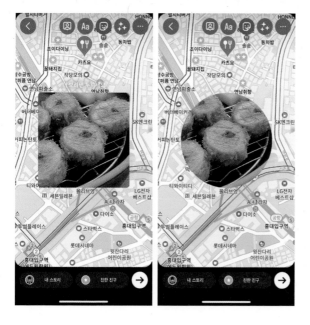

2 사진을 눌러서 원 모양으로 변경합니다.

3 문자 도구를 누른 다음 돋보기 이모티콘 입력한 다음 음식 사진 위에 올립니다.

Tip

크게 확대해야 하는 경우 항상 왼쪽의 크기 조절 바를 최대로 올려주세요.

4 같은 사진을 한 번 더 추가해서 돋보기 렌즈 위에 올립니다.

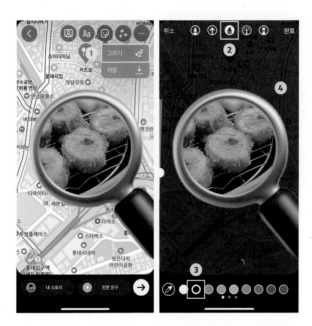

5 그리기 모드에서 상단의 형광펜과 하단의 검은색을 선택한 후 화면을 길게 누르면 다음과 같이 배경이 반투명하게 칠해집니다.

6 스티커 메뉴의 GIF에서 'search'를 검색한 후 표시된 스티커를 선택해 화면 아래쪽에 배치합니다.

7 문자 도구를 누른 다음 가게 이름을 입력한 후 검색창 GIF 안에 넣습니다.

8 영어 이름과 인스타그램 계정을 추가하면 완성! 메뉴 사진이 여러 개일 경우 돋보기 위쪽 공간에 추가하면 좋습니다.

여행 사진
우표 프레임 스토리

사진 출처 @ddo._haa

따라하기 QR코드

여행 사진에 최적화된 감성적인 우표 프레임 스토리 꾸미기입니다.

여행에서 찍은 사진을 예쁘게 꾸며서 스토리로 기록해보세요.

1 사진을 불러옵니다. 그리기 모드에서 흰색을 선택한 후 화면을 길게 눌러 배경 전체를 칠합니다.

2 화면 상단의 스티커 메뉴에서 앨범 아이콘을 누르고 원하는 사진을 추가합니다. 사진을 여러 번 눌러서 정사각형 비율로 변경한 후 예제와 같은 크기로 화면 정중앙에 배치합니다. 앨범에 저장하고 다시 그리기 모드로 전환해줍니다.

3 이번에는 스포이드로 사진 속에서 메인 색상을 선택합니다. 입고 있는 옷이나 배경의 포인트 색상을 고르는 게 가장 좋습니다.

4 기존의 사진을 제거한 후 방금 저장한 사진을 불러옵니다.

5 사진을 여러 번 눌러 1:1 비율로 변경해 주면 다음과 같이 깔끔하게 흰색 프레임이 만들어집니다. 적당한 크기로 늘립니다.

6 문자 도구에서 중간점을 여러 개 입력합니다. 스포이드를 이용해 배경색과 똑같은 색상으로 변경합니다.

7 도형의 절반을 겹쳐서 프레임 위쪽에 배치하면 우표의 절단면을 표현할 수 있습니다. 같은 방법으로 나머지 면도 모두 똑같이 꾸며줍니다.

8 프레임 아래위로 비어 있는 공간은 여행 장소, 날짜, 동행자 등 사진과 관련된 문구들을 넣어주고 프레임 주변은 여행 관련 GIF 스티커로 꾸며주면 완성!
(추천 키워드: Travel, Trip, Deco, New Post, Masking Tape, Stamp)

네 컷 사진 활용 스토리

사진 출처 @sae.na_0

따라하기 QR코드

네 컷 사진관에서 찍은 사진, 피드에만 올리고 끝인가요?
전시회의 작품처럼 조금 더 특별하게 꾸며 스토리로 남겨보세요.

1 사진을 불러온 후 상단의 더보기(⋯)에서 그리기를 눌러 그리기 메뉴로 전환해줍니다.

2 하단의 스포이드를 누른 후 사진 속 배경에서 가장 밝은 색상을 선택합니다.

3 화면을 길게 눌러 배경 전체를 칠합니다.

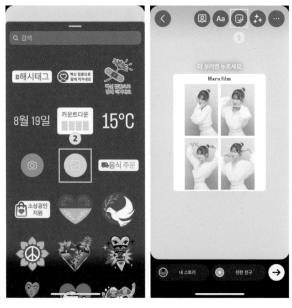

4 화면 상단의 스티커 메뉴에서 앨범 아이콘을 누르고 사진을 다시 한번 추가합니다.

5 사진을 여러 번 눌러 직각 모서리의 모양으로 변경한 후 알맞은 크기로 조절합니다.

6 문자 도구에서 두 번째 폰트로 언더 바(_)를 연속으로 입력하여 긴 막대를 생성합니다. 왼쪽의 크기 조절 바로 막대의 굵기를 조절합니다.

Tip

막대의 중간이 끊겨 보일 경우 조절 바를 조정하거나 다른 폰트를 사용하여 수정할 수 있습니다.

7 색상 탭에서 스포이드를 이용해 사진의 배경에서 가장 어두운 색상을 선택합니다.

8 생성된 막대를 사진의 오른쪽과 아래쪽에 반만 겹치도록 각각 배치합니다. 뒤에 있는 사진을 눌러 맨 앞으로 정렬해줍니다.

9 맨 오른쪽 두 번째 폰트로 언더 바( )를 연속 입력하여 얇은 막대 두 줄을 만들어 줍니다. 막대를 90도로 회전시킨 후 사진 위쪽에 배치하여 와이어처럼 보이게 연출해줍니다.

10 방금 만든 막대 두 줄을 한 세트 더 만들어 줍니다. 색상 탭에서 스포이드로 막대의 색상을 방금 전 사용했던 어두운 색상으로 변경합니다.

11 처음 만든 와이어의 살짝 옆에 배치하여 그림자처럼 보이도록 연출합니다. 다시 사진을 눌러 사진이 맨 앞으로 오도록 배치합니다.

12 하이픈(-)을 입력한 후 확대하면 사진과 같이 설명 박스로 활용할 수 있습니다.
설명 박스를 두 개 만들고(하나는 흰색, 다른 하나는 그림자 색) 살짝 겹쳐서 배치합니다. 설명 박스 위에 제목, 날짜 등 사진을 설명하는 문구를 넣어주면 완성!

인생 네 컷 아니고
두 컷 스토리

사진 출처 @dollmaeng2g

따라하기 QR코드

사진 한 장은 뭔가 아쉬울 때… 그렇다고 세 장은 뭔가 많고…
오직 두 장의 사진을 위한 인생 두 컷 스토리 꾸미기입니다.
효과 필터와 함께 깔끔하면서 감각적인 분위기의 스토리를 꾸며보세요.

1 흰색 배경을 준비합니다.
그리기 모드에서 흰색을
선택한 후 화면을 길게 누르면
배경 전체가 칠해집니다.

2 화면 상단의 스티커 메뉴
에서 앨범 아이콘을 누르
고 사진 두 장을 추가합니다.
사진을 여러 번 눌러 1:1 비율
로 변경한 후 안내선을 활용하
여 예제와 같이 배치합니다.

Tip

예제와 가급적 똑같은 크기와 간
격으로 배치해야 결과물이 예쁘
게 나옵니다.

3 앨범에 저장, 뒤로 가기를 누른 후 방금 저장한 그림을 불러옵니다.

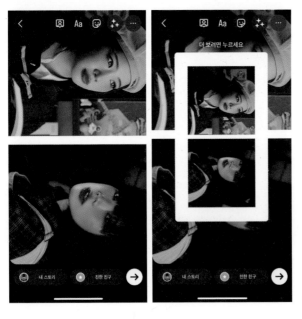

4 불러온 배경을 좌우 흰색 영역이 보이지 않을 때까지 확대합니다. 스티커 메뉴의 앨범에서 다시 한번 이미지를 추가합니다.

5 추가된 이미지를 다음과 같이 배치하고 프레임 영역을 자유롭게 꾸며줍니다. 효과 필터 메뉴에서 분위기와 잘 어울리는 필터를 찾아 적용하면 완성!

6 스토리 촬영 버튼을 오른쪽으로 스크롤하면 효과 둘러 보기 탭이 나옵니다. 여기서 더 많은 효과(필터)를 검색할 수 있습니다.

Tip

만약 효과를 저장한 직후에 보관함에서 보이지 않는다면 일정 시간(최소 2시간) 기다린 후 다시 확인해주세요. 후보정을 지원하지 않는 필터도 있습니다.

레이아웃 활용
네 컷 스토리

따라하기 QR코드

인스타그램 스토리의 레이아웃 기능을 활용한 네 컷 스토리 꾸미기입니다. 여행, 맛집, 카페 등 일상의 사진 여러 장을 간편하게 스토리로 공유하고 싶을 때 사용해보세요!

1 촬영 화면의 왼쪽에 있는 레이아웃 아이콘을 누릅니다.

Tip
Tip

기본값으로 세로형 네 컷 그리드가 설정되어 있습니다. 변경하려면 '그리드 변경'을 누릅니다.

2 왼쪽 하단의 앨범 아이콘을 눌러 사진을 불러옵니다. 불러온 사진을 화면에 알맞게 조정한 후 다시 한번 앨범 아이콘을 눌러 다음 사진을 불러옵니다. 화면의 가운데는 간판, 로고 등 대표 사진을 넣어야 하기 때문에 어느 정도 공간을 확보해둡니다. 네 장의 사진을 모두 불러왔으면 아래의 확인 버튼을 눌러 마칩니다.

Tip

카페의 경우 인테리어와 메뉴(근접, 전체) 사진 조합을 추천합니다.

3 스티커 메뉴를 누르고 앨범 아이콘을 누른 다음 찍어둔 카페의 간판(로고) 사진을 불러옵니다. 사진을 눌러 원 모양으로 바꿉니다.

4 '@언급' 스티커에 카페 계정을 넣고 하단에 배치해주면 완성! 사진과 관련된 정보들(날짜, 함께한 사람, 메뉴 이름 등)을 추가해도 좋습니다.

프로필 사진, 증명 사진 스토리

사진 출처 @jeonghwa_ _ _99820

따라하기 QR코드

잘 나온 프로필 사진, 증명 사진, 네 컷 사진 등 여러 장의 사진을
자랑하고 싶을 때 사용하면 좋은 스토리 꾸미기입니다.
인물 사진뿐만 아니라 다양하게 활용도가 높은 디자인이니
두고두고 쓸 일이 많을 거예요!

1 사진을 불러옵니다. 아이폰의 경우 화면의 오른쪽 상단을 손가락으로 쓸어내리면 제어 센터가 나오기 전 화면이 흐릿한 상태, 블러(Blur) 상태가 됩니다. 강도를 조절한 후 화면을 캡처합니다.

2 위와 같은 기능이 없는 기기를 쓴다면 픽스아트 (Picsart)와 같은 사진 편집 앱을 활용해보세요.

3 방금 전 캡처한 블러 이미지를 다시 불러와서 화면에 맞게 확대해줍니다.

4 화면 상단의 스티커 메뉴에서 앨범 아이콘을 누르고 원하는 사진을 추가합니다.

5 사진을 여러 번 눌러서 모
서리를 직각으로 변경한
후 크기를 조절하여 화면의 상
단에 배치합니다.

Tip
스티커로 불러온 사진은 눌러서
다양한 모양(원, 하트, 별, 정사각
형, 둥근 사각형, 직각 사각형)으
로 바꿀 수 있습니다.

6 문자 도구에서 첫 번째 폰
트로 마침표(.)를 입력한
후 상단에 있는 글자 꾸미기
아이콘을 두 번 누르면 반투명
박스가 생성됩니다. 스페이스
를 연속으로 눌러 박스 길이를
늘립니다.

7 색상 탭에서 스포이드로 사진에 있는 색을 뽑아 박스의 색상을 변경합니다.

Tip

때로는 입술색이 좋은 포인트 색상이 될 수 있습니다

8 반투명 박스를 확대하여 하단에 배치하고 동일한 사진을 불러옵니다. 예시와 같이 보정값을 다르게 하면 더 좋습니다. 네 컷 사진처럼 다른 포즈의 다른 사진 세 장을 불러와도 좋습니다.

Tip

스토리는 눈대중으로 크기를 맞춰야 하기 때문에 안내선과 이전에 추가한 사진을 이용하면 더 쉽고 정확하게 조절할 수 있습니다.

9 스티커 메뉴에서 GIF 아이콘을 누른 후 new post 를 검색합니다.

10 사진의 분위기와 잘 어울리는 GIF 스티커를 추가해 배치하면 완성!

댕댕이 폴라로이드 스토리

사진 출처 @ariari.ggu

따라하기 QR코드

여러 주제에 활용할 수 있는 폴라로이드 스토리 꾸미기입니다.

추억이 담긴 소중한 사진을 폴라로이드 감성으로 꾸며서 간직하세요.

1 사진을 불러옵니다. 오른
쪽 상단의 더보기(…)에서
그리기를 눌러 모드를 전환하
고 아래에 있는 스포이드를 누
릅니다.

2 색상을 선택하고 화면을
길게 눌러서 배경 전체를
칠합니다.

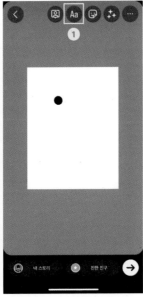

3 문자 도구를 열어 오른쪽 끝 마지막 폰트로 마침표 (.)를 입력한 후 배경 꾸미기를 두 번 누릅니다. 왼쪽의 크기 조절 바를 최대로 올려주고 스페이스로 모양을 늘립니다. 생성된 사각 프레임을 화면의 가운데에 배치합니다.

4 스티커 메뉴에서 앨범 아이콘을 눌러 사진을 불러온 뒤 프레임 위에 올립니다.

5 텍스트와 이모티콘 등으로 폴라로이드를 자유롭게 꾸미고 화면 캡처를 해주세요. 폴라로이드 크기에 맞춰서 자른 뒤 저장합니다.

6 사진과 프레임 등 모든 오브젝트를 제거하고 방금 캡처한 폴라로이드 이미지를 추가하여 다음과 같이 배치합니다. 중앙의 이미지를 살짝 비스듬하게 배치하는 것이 포인트입니다.
빈 공간은 폴라로이드 사진의 배경색과 같은 타이포로 채우면 한층 더 스토리가 풍성해집니다.

나만의 그러데이션 배경 스토리

사진 출처 Unsplash

따라하기 QR코드

제가 개인적으로 인스타그램 스토리에 자부심을 갖고 있는 디자인 중 하나입니다.

예시의 배경, 테두리 모두 인스타그램 스토리 기능만을 활용한 것들이고

이 방법은 적어도 국내에서만큼은 제가 최초로 발견한 거라 자부합니다.

1 스토리에서 처음 사진을 불러올 때 사진 비율이 16:9 이하라면 다음 예시와 같이 위아래로 그러데이션 배경이 생깁니다. 그런데 두 사진을 비교해보면 색상이 각각 다르단 걸 알 수 있습니다.

2 자세히 보면 스토리의 배경 색상은 사진의 위쪽 그리고 아래쪽 색상에 따라 정해집니다. 그렇다면 내가 원하는 색상으로도 배경색을 정할 수 있지 않을까요?

Tip

배경화면 색상은 핸드폰 기종에 따라 다를 수 있습니다만 이후의 과정은 동일합니다.

3 사진을 불러온 뒤 그리기
도구를 열어줍니다.

Tip

해당 사진의 경우 남색이 아래쪽
영역에서 가장 많기 때문에 배경
색으로 정해졌습니다.

4 스포이드를 눌러 사진에
서 배경으로 칠하고 싶은
색상을 고릅니다.

5 첫 번째 색상으로 사진 윗 부분을 칠하고 같은 방법 으로 두 번째 색상을 골라 아 래를 칠합니다.

6 더보기(⋯)를 눌러 현재 사 진을 저장한 후 뒤로 가기 버튼을 누릅니다.

7 방금 앨범에 저장했던 사진을 다시 스토리 배경으로 불러옵니다.

8 사진을 축소하면 조금 전 칠했던 색상들로 생성된 나만의 그러데이션 배경이 나타납니다. 사진을 화면 아래로 끌어서 삭제한 뒤 저장합니다.

Tip

두 손가락으로 배경 사진을 축소한 후 한쪽 손가락을 떼고 그대로 화면 바깥으로 밀면 됩니다.

9 화면을 좌우로 밀어 배경에 다양한 필터를 적용할 수 있습니다.

10 이제 그러데이션을 활용할 차례입니다. 스티커 메뉴를 눌러 앨범에서 방금 저장한 그러데이션 사진을 불러옵니다.

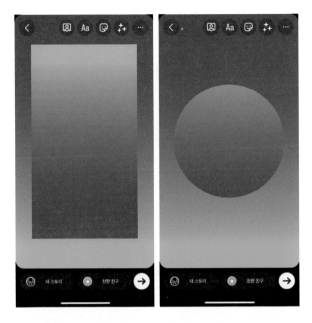

11 사진을 눌러 모서리의 모양을 바꿀 수도 있고 아예 다른 모양으로 변경할 수 있습니다. 180도로 돌리면 아래위 색상이 대비되어 더욱 다양한 방식으로 활용할 수 있습니다.

12 원 모양을 활용해보겠습니다. 같은 방법으로 스티커 메뉴의 앨범에서 처음 배경을 만들 때 사용한 사진을 불러와 원 모양으로 변경하고 원 모양 위에 올립니다. 텍스트의 색상 또한 배경의 색들을 활용하면 더 다양한 표현이 가능해집니다. 완성!

미술 시간 스토리

사진 출처 Unsplash

따라하기 QR코드

언더 바(_)를 활용해 이젤을 만들고 그 위에 사진을 작품처럼 올리는 재밌는 스토리 디자인입니다. 이번 스토리를 통해 언더 바 활용 실력을 늘릴 수 있을 겁니다.

1 사진을 불러옵니다. 만약 비율이 맞지 않는다면 두 번째 사진과 같이 확대하여 배경을 꽉 채웁니다.

2 더보기(…)를 눌러 그리기 모드로 전환합니다. 형광펜을 선택한 후 아래의 스포이드로 배경색으로 사용할 색상을 사진에서 선택합니다.

3 화면을 길게 누르고 있으면 사진과 같이 배경이 반투명으로 전체가 칠해집니다.

4 스티커 메뉴의 앨범 아이콘을 눌러 원하는 사진을 추가합니다. 사진을 여러 번눌러 모서리를 직각으로 바꿔줍니다.

5 문자 도구를 열고 언더 바 ( )를 연속으로 입력하면 긴 막대를 그릴 수 있습니다. 왼쪽 크기 조절 바로 굵기를 조절할 수 있습니다. 색상 탭에서 기본 팔레트를 오른쪽으로 한 번 넘기면 다음과 같은 팔레트가 나옵니다. 중간 밝기의 갈색을 선택하여 막대의 색상을 변경합니다.

6 막대를 세로로 돌려서 중앙에 배치한 후 2개의 막대를 추가해 사진과 같이 보조 다리를 만들어줍니다.

Tip
팔레트를 길게 누르면 더 다양한 색상을 선택할 수 있습니다.

7 사진을 눌러서 맨 앞으로 올리고 그 위에 막대를 추가하여 이젤을 완성합니다.

8 스티커 메뉴에서 GIF를 선택하고 미술 관련 GIF를 검색(추천 키워드: palette, brush)해 추가하면 미술 시간 스토리가 완성됩니다.

Tip
스토리에서는 붓이 움직이기 때문에 그림을 그리는 듯한 모습이 연출됩니다.

LED 조명 스토리

사진 출처 @sae.na_0

따라하기 QR코드

글자의 네온 조명 기능을 활용한 스토리 꾸미기입니다.
여러분의 스토리를 한층 더 빛나게 꾸며서 주목도를 올려보세요.
(이 꾸미기 방법은 아이폰만 가능합니다.)

1 사진을 불러옵니다. 만약 비율이 맞지 않는다면 확대하여 배경을 꽉 채워줍니다. 더보기(…)를 눌러 그리기 모드로 전환해줍니다. 형광펜을 선택한 후 아래의 색상표에서 검은색을 고릅니다.
화면을 길게 눌러서 배경 전체를 반투명으로 칠합니다.

2 화면 상단의 스티커 메뉴에서 앨범 아이콘을 누르고 원하는 사진을 추가합니다.

3 불러온 사진을 누르면 사진의 모양을 바꿀 수 있는데 여러 번 눌러 모서리를 직각으로 변경합니다.

4 문자 도구를 열어 세 번째 폰트를 선택한 후 'ㅁ'을 입력합니다.
상단의 글자 꾸미기를 누르면 글자에 조명이 들어옵니다.

5 색상표에서 스포이드를 사용하면 사진 속의 색상 으로 빛의 색상을 변경할 수 있습니다.

6 문자의 크기를 사진에 맞 춰 알맞게 조정해줍니다. 조명 글자를 중첩하면 조명의 세기를 더 강하게 만들 수 있 습니다.

7 글자 사이로 사진을 선택
하여 맨위로 불러옵니다.
만약 사진이 선택되지 않는다
면 새로 사진을 불러와서 위에
덮어 씌웁니다. 스티커 메뉴
중 GIF에서 'new post'를 검색
해 사진과 잘 어울리는 스티커
를 추가하면 완성!

8 두 가지 이상의 색상으로
조명을 만들면 더 다양한
표현이 가능합니다.

083

난이도 ★★★★☆

일상 사진을
힙하게 스토리 꾸미기

사진 출처 Unsplash

따라하기 QR코드

GIF 스티커, 필터 효과, 테이프 문구 등 다양한 연출 방법을 활용한 스토리 꾸미기입니다. 과정이 다소 복잡하지만 익혀두면 어떤 사진이든 힙한 느낌의 스토리로 만들 수 있습니다.

1 사진을 불러온 뒤 두 손가락을 이용해 배경을 거꾸로 돌려줍니다.

2 문자 도구에서 원하는 문구 입력한 후 다음과 같이 화면 위 아래에 배치합니다.

085

3 글자 색상은 스포이드를 이용해 사진에서 가져오면 더 자연스럽습니다.

4 화면을 오른쪽에서 왼쪽으로 넘겨 배경을 흑백으로 변경하여 저장 후 다시 불러옵니다.

5 화면 상단의 스티커 메뉴에서 앨범 모양의 아이콘을 누르면 사진첩에서 사진을 불러올 수 있습니다. 원하는 사진을 불러옵니다.

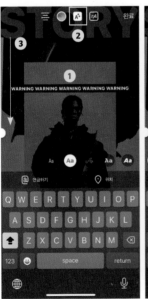 

6 문자 도구에서 같은 문구를 연속해서 입력한 후 상단의 '글자 배경 꾸미기'를 눌러 테이프 모양을 연출합니다. 왼쪽의 크기 조절 바를 끝까지 내리면 한 줄에 넣을 수 있는 글자 수가 늘어납니다. 기본 색상표에서 오른쪽으로 넘겨 빨간색을 선택하여 배경의 색을 변경합니다.

7 테이프를 여러 개 생성하
여 자유롭게 배치합니다.

8 스티커 메뉴의 GIF에서
알파벳을 입력하면 다양
한 종류의 스티커가 나옵니다.
마음에 드는 스티커를 골라 추
가합니다.

9 알파벳 스티커를 조합하
여 빈 공간을 꾸며줍니다.

10 상단의 필터 효과에서
필터를 적용합니다.
완성!

2장

특별한 날에, 특별한 스토리

INSTAGRAM
STORY

밀어서 생일 축하 스토리

사진 출처 @myong__geul

따라하기 QR코드

휴대폰 잠금 화면 디자인을 활용한 생일 축하 스토리 꾸미기입니다. 실제로도 많은 팔로워들이 애용하는 디자인입니다. 가족, 친구, 반려동물의 생일, 기념일을 스토리로 꾸며보세요!

1 사진을 불러옵니다. 만약 비율이 맞지 않으면 화면이 꽉 차도록 사진을 확대해 줍니다. 문자 도구로 기념일의 날짜를 시간으로 입력합니다. 예를 들어 7월 8일이면 7:08 로 써보세요.

2 화면 상단에 배치 후 시간 아래에 날짜와 요일을 입력합니다.

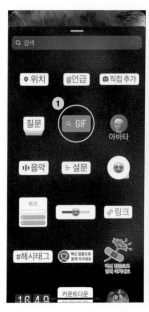
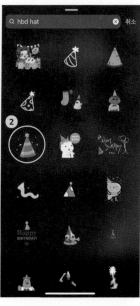

3 스티커 메뉴에서 GIF로 들어가 'hbd hat'을 검색 하여 마음에 드는 고깔모자를 고릅니다.

4 고깔모자는 잠시 화면 왼쪽에 두고 문자 도구를 열어줍니다. 표시된 폰트로 마침 표(.)를 입력한 후 상단의 글자 꾸미기 버튼을 두 번 누르면 사진과 같이 원 모양의 도형이 생성됩니다. 반드시 두 번 눌러야 배경 색상을 변경할 수 있습니다.

5 색상 탭에서 스포이드 기능으로 고깔모자에서 색상을 추출합니다.

6 적당한 크기로 조절해 가운데에 배치합니다.

7 방금 전 만들었던 원 도형을 하나 더 만들어줍니다. 이때 스페이스로 빈칸을 여러 번 입력하면 사진과 같이 소시지 모양의 도형을 만들 수 있습니다. 색상은 이전과 같이 스포이드로 변경합니다.

8 화면 하단에 배치 후 중간 점 혹은 마침표를 이용해 왼편에 둥근 버튼을 만듭니다.

9 스티커 메뉴에서 앨범을 눌러 원 안에 넣을 사진을 추가합니다.

10 불러온 사진을 눌러 모 양을 변경한 후 도형 위 에 올립니다.

11 처음 불러왔던 고깔모자 스티커를 이동해 머리 위에 얹어줍니다.

12 축하 문구를 입력한 후 스포이드를 이용해 글자의 색상을 변경합니다.

13 같은 문구를 한 번 더 입력한 후 고깔모자의 다른 색상을 스포이드로 선택해 글자색을 변경합니다. 두 글자를 사진과 겹치면 입체적인 느낌을 줄 수 있습니다.

14 '밀어서 생일 축하하기' 를 입력한 후 아래 도형 위에 올려주면 완성!

폴라로이드 생일 축하 스토리

폴라로이드 디자인에 몽환적인 필터를 더한 감각적이고 특별한 스토리 꾸미기입니다. 특별한 날, 특별한 누군가를 위해 스토리를 꾸며보세요.

따라하기 QR코드

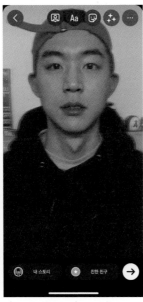

1 사진을 불러옵니다. 만약 비율이 맞지 않는다면 사진을 확대해 배경을 꽉 채워줍니다.

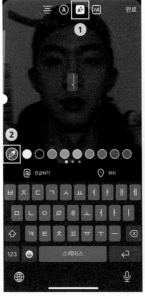

2 문자 도구에서 첫 번째 폰트로 마침표(.)를 입력한 후 상단의 글자 배경 꾸미기 버튼을 두 번 눌러 반투명 박스를 만들어줍니다. 색상표의 스포이드를 이용해 박스의 색상을 변경하고 확대하여 화면을 꽉 채웁니다.

3 안드로이드는 오브젝트 확대에 한계가 있으므로 다음과 같이 두 개의 마침표 사이에 스페이스를 연속해서 입력하고 여러 줄 복사하면 화면을 덮을 수 있습니다.

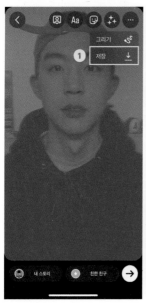 

4 완성된 배경을 저장한 후 다시 불러옵니다.

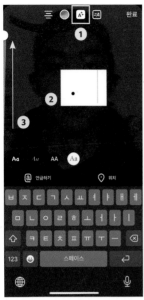

5 문자 도구를 열어 오른쪽 끝 마지막 폰트로 마침표 (.)를 입력한 후 배경 꾸미기를 두 번 누릅니다. 왼쪽의 크기 조절 바를 최대로 올려주고 스페이스로 모양을 늘립니다. 생성된 사각 프레임을 화면의 가운데에 배치합니다.

6 화면 상단의 스티커 메뉴에서 앨범 아이콘을 누르고 원하는 사진을 추가하여 흰색 프레임 위에 올립니다. 불러온 사진을 여러 번 누르면 정사각형 모양으로 바꿀 수 있습니다.

7 생일 관련 문구(이름, 축하 메시지, 날짜 등)로 폴라로 이드를 꾸며줍니다.

8 스티커 메뉴의 GIF에서 'birthday hat'을 검색하면 다양한 고깔모자가 나옵니다. 원하는 스티커를 추가해 알맞 은 위치에 올립니다.

9 상단의 효과 필터 아이콘을 누른 뒤 Light Leak III 필터를 적용해줍니다. 더 잘 어울리고 마음에 드는 필터가 있다면 그 필터를 사용해도 좋습니다.

10 다음은 분리된 피사체 이미지를 활용하여 특별함을 더해보겠습니다. 아이폰의 경우(iOS 16버전 이상, Xs 모델 이상) 사진첩에서 피사체를 길게 누르면 자동으로 피사체가 배경으로부터 분리됩니다. 복사한 후 인스타그램으로 돌아와 문자 도구에서 붙여 넣어 사용할 수 있습니다.

11 피사체 분리 기능이 없는 기기는 www.remove.bg에서 무료로 피사체 분리를 할 수 있습니다.

12 분리된 이미지를 다음과 같이 올려주면 입체적인 연출을 할 수 있습니다. 특별한 날 당일에 스토리를 만들면 필터에 자동으로 날짜가 표시됩니다.

생일 축하 스토리

(피드 게시물 추가)

사진 출처 @leau_lee

따라하기 QR코드

타이포와 촛불 GIF를 활용한 간단 생일 축하 스토리 꾸미기입니다.
생일인 친구의 게시물로 스토리를 꾸며서 축하해주세요!

1 사진 하단의 공유 버튼을
  누르고 스토리에 게시물
추가를 눌러 스토리 꾸미기로
이동합니다.

2 사진을 눌러서 게시물의
  모양을 바꾸고 알맞은 크
기로 조정하여 가운데 정렬해
줍니다.

3 그리기에서 하단의 스포 이드를 누르면 화면 안에 서 색상 선택이 가능합니다.

4 사진 안에서 배경으로 사 용할 색상을 선택한 후 화 면을 길게 눌러 배경 전체를 칠합니다.

5 문자 도구에서 문구를 입력한 후 게시물 상단에 배치합니다.

6 나머지 문구도 입력하여 배치합니다.

7 스티커 메뉴의 GIF에서 candle을 검색해 촛불 스티커를 추가합니다.

8 상단의 텍스트 위에 스티커들을 올려주면 피드 케이크 완성!

생일 축하 스토리

(알파벳 타이포)

사진 출처 @bbang_ye

따라하기 QR코드

알파벳과 이모티콘을 활용한 아주 간단한 생일 축하 스토리 꾸미기입니다.
알파벳과 이모티콘을 사진 분위기에 맞게 바꾸면 다양하게 변화가
가능한 디자인입니다.

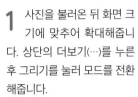

1 사진을 불러온 뒤 화면 크기에 맞추어 확대해줍니다. 상단의 더보기(…)를 누른 후 그리기를 눌러 모드를 전환해줍니다.

상단의 형광펜을 선택한 후 아래의 스포이드를 눌러 배경색을 고릅니다. 여기에서는 붉은색을 배경으로 선택했습니다. 색상 선택을 마친 뒤 화면을 길게 눌러 배경 전체를 칠합니다.

Tip

형광펜으로 배경을 칠하면 반투명 효과를 줄 수 있습니다.

2 문자 도구에서 HAPPY BIRTHDAY의 알파벳을 한 개씩 따로 입력한 후 각각 불규칙하게 배열해줍니다.

3 상단의 스티커 메뉴에서 앨범 아이콘을 눌러 사진을 추가합니다. 사진을 여러 번 눌러 모서리를 직각 모양을 바꾼 후 알맞은 크기로 조정하여 중앙에 배치합니다.

4 사진과 겹쳐 있는 일부 알파벳을 길게 눌러 사진 앞으로 정렬합니다. 되도록 사진과 멀리 떨어져 있는 부분을 눌러야 선택하기 쉽습니다.

5 문자 도구에서 하트 이모티콘을 추가하여 자유롭게 배치합니다.

6 마지막으로 생일 관련 GIF를 추가하여 적절한 곳에 배치해주면 생일 축하 스토리 완성!

생일 축하 스토리
(음악 재생)

사진 출처 Unsplash

따라하기 QR코드

음악 재생 화면을 활용한 생일 축하 스토리 꾸미기입니다.
상황에 맞게 사진과 제목 부분을 수정해 다양하게 활용할 수 있습니다.

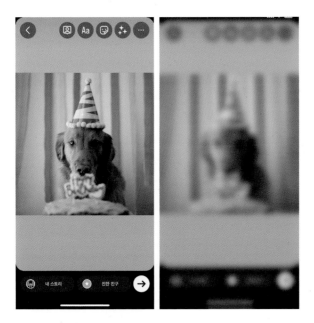

1 사진을 불러옵니다. 아이폰의 경우 화면의 오른쪽 상단을 손가락으로 쓸어내리면 제어 센터가 나오기 전에 화면이 블러 상태가 됩니다. 블러의 강도를 조절한 후 화면을 캡처합니다.

2 앨범에 저장된 블러 이미지를 배경으로 불러온 뒤 화면에 맞추어 확대해줍니다.

3 화면 상단의 스티커 메뉴에서 앨범 아이콘을 누르고 원하는 사진을 추가합니다.

4 문자 도구에서 축하 문구와 생일 당사자의 이름을 입력합니다. 다음과 같이 폰트 종류를 각각 다르게 해주면 더 좋습니다.

5 문자 도구에서 언더 바(_) 를 연속 입력하여 재생바로 사용할 막대를 만들어줍니다. 네 번째 폰트를 이용하면 끝 모양이 둥근 막대를 만들 수 있습니다. 언더 바 입력 횟수와 화면 왼쪽 크기 조절 바를 이용하여 막대의 길이, 굵기를 조절할 수 있습니다.

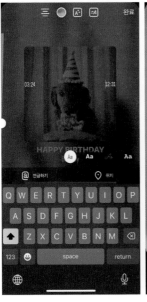

6 재생 바를 배치 후 기념일 날짜를 재생 시간 형식으로 입력합니다. 마침표(.) 또는 중간점(·) 등을 이용하여 구간 조절 버튼을 만들어준 뒤 날짜에 맞는 지점에 배치합니다.

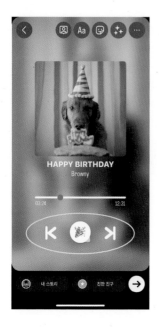

7 자판의 특수기호(<, >, _, |) 를 활용하여 화면 하단에 재생 관련 버튼을 만들어줍니다.

8 스티커 메뉴에서 공감 스티커 아이콘을 눌러줍니다.

9 하단의 + 버튼을 누르면 원하는 이모티콘으로 변경할 수 있습니다.

10 생성된 공감 스티커를 미리 만들어둔 재생 버튼 위치에 올려주면 완성!

Tip

공감 스티커를 이용하여 스토리를 업로드하면 팔로워들이 해당 스티커를 누를 수 있고 다음과 같은 애니메이션이 나타납니다. 인사이트에서 공감 버튼을 누른 팔로워 목록을 확인할 수 있습니다.

졸업 축하 스토리

사진 출처 jiaennn7

따라하기 QR코드

졸업과 같은 축하 상황에서 사용하기 좋은 스토리 꾸미기입니다.
문구만 바꾸면 졸업 말고도 축하할 일이 생길 때 다양하게 활용할 수 있습니다.

1 사진을 불러옵니다. 만약
비율이 맞지 않는다면 화
면이 꽉 차도록 사진을 확대해
줍니다.

2 문자 도구를 열어 오른쪽
끝 마지막 폰트로 마침표
(.)를 입력한 후 배경 꾸미기를
누릅니다. 왼쪽의 크기 조절
바를 최대로 올려주고 스페이
스로 모양을 늘립니다. 생성된
사각 프레임을 화면의 가운데
에 배치합니다.

3 화면 상단의 스티커 메뉴에서 앨범 아이콘을 누르고 원하는 사진을 추가합니다. 추가된 사진을 여러 번 눌러 모서리 모양을 직각으로 바꿔준 뒤 프레임 위쪽에 배치합니다.

4 문자 도구에서 'GRADU-ATION'을 입력하고 프레임 상단에 배치합니다.

5 프레임 하단에 넣을 문구를 입력합니다. 기본 색상 팔레트를 길게 누르면 더 다양한 색상을 고를 수 있는 팔레트가 나옵니다. 눈에 띌 수 있는 색으로 글자색을 바꿉니다.

6 생성된 문구를 프레임 하단에 배치합니다.

7 스티커 메뉴의 GIF에서 'confetti', 'graduation', 'glitter' 같은 관련 키워드를 검색해 프레임과 사진 주변을 꾸며줍니다.

8 상단의 효과 필터 메뉴에서 Glitter 효과를 적용해 주면 완성!

재생 바 달력 스토리

사진 출처 @l_apin7

따라하기 QR코드

재생 바로 포인트를 준 유니크한 감성의 달력 스토리입니다.
특별한 기념일이 있는 달이라면 관련된 사진과 함께 꾸미는 것을 추천드립니다.

1 사진을 불러옵니다. 만약 비율이 맞지 않는다면 사진을 확대하여 배경을 꽉 채워 줍니다. 문자 도구를 열어 두 번째 폰트를 선택한 후 마침표(.)를 입력합니다. 상단의 글자 꾸미기를 두 번 누르면 흰색 박스가 생성이 되는데 스페이스로 크기를 늘립니다.
생성된 박스를 알맞은 크기로 확대한 후 화면의 가운데에 정렬해줍니다.

2 핸드폰의 캘린더에서 원하는 달 부분만 캡처한 후 앨범에 저장합니다.

3 화면 상단의 스티커 메뉴에서 앨범 모양의 아이콘을 누르면 사진첩에서 사진을 불러올 수 있습니다. 저장한 달력 이미지를 불러옵니다.

4 문자 도구에서 중간점(·)을 입력하고 색상표에서 스포이드를 눌러 원하는 색상을 고릅니다.

5 색상을 바꾼 원을 프레임 위쪽에 배열한 뒤 앨범에서 사진을 한 장 불러옵니다. 사진을 여러 번 눌러 원 모양으로 변경하고 상단의 동그라미 위에 올립니다.

6 문자 도구에서 언더 바()를 연속 입력하면 사진과 같이 긴 모양의 막대를 만들 수 있습니다. 색상표를 누르고 막대의 일부 영역만 선택합니다.

Tip

일부 영역만 선택한 후 색상을 변경하면 선택된 글자만 색상을 변경할 수 있습니다.

7 기본 색상표를 오른쪽으로 밀면 다음과 같이 회색 색상표가 나타납니다. 여기에서 연한 회색을 선택하면 선택된 영역만 색상이 바뀝니다. 왼쪽은 원하는 날짜(06:01)를 입력하고 오른쪽은 12:31을 입력합니다. 재생 바와 마찬가지로 일부만 선택하여 색상을 변경합니다.
화면 왼쪽의 크기 조절 바와 스페이스로 글자의 간격과 크기를 알맞게 조절해줍니다.

8 마지막으로 빈 공간에 해당 월을 영문으로 입력하면 완성!

3장

일상 속 디자인을 담은 스토리

INSTAGRAM
STORY

데일리룩 오오티디 감성 스토리

사진 출처 @je.niu @meinunddein.kr

따라하기 QR코드

사진이 여러 장일 때 사용하면 좋을 스토리 꾸미기입니다.
메인 사진을 배경에 넣고 왼쪽에 디테일한 사진들을 추가하면 됩니다.

1 사진을 불러옵니다. 만약 비율이 맞지 않는다면 사진을 확대하여 배경을 꽉 채워 줍니다.

2 문자 도구에서 첫 번째 폰트로 마침표(.)를 입력한 후 상단의 글자 꾸미기를 두 번 누릅니다. 스페이스로 박스의 길이를 길게 늘립니다.

3 스포이드를 눌러 사진 속 색상으로 박스의 색을 변경합니다. 생성한 박스를 손가락으로 확대하여 사진의 왼쪽 부분을 가려줍니다.

4 화면 상단의 스티커 메뉴에서 앨범 모양의 아이콘을 누르면 사진첩에서 사진을 불러올 수 있습니다. 원하는 사진을 불러옵니다.

5 불러온 사진을 여러 번 눌러 정사각형 모양으로 변경한 후 박스 위에 올립니다. 사진을 가장자리 가까이에 가져가면 파란색 안내선이 생기는데 이 안내선을 이용하면 쉽게 좌우 여백을 조절할 수 있습니다. 나머지 사진들을 더 추가해서 배치합니다.

6 화면 상단에 넣을 문구를 자유롭게 입력합니다. 문구를 적절히 배치 후 마무리, 완성!

쇼핑 앱 디자인 스토리

사진 출처 @je.niu @meinunddein.kr

따라하기 QR코드

쇼핑몰 구매 옵션 화면에서 영감을 받은 스토리 꾸미기입니다.
꼭 제품이 아니더라도 여러 장의 사진을 소개하기 좋고
아래 구매 버튼에 링크 스티커를 넣어 원하는 페이지로 유도하기 좋습니다.

1 사진을 불러옵니다. 아래
쪽에 프레임이 들어올 것
을 고려하여 알맞게 위치를 조
정해줍니다.

2 문자 도구에서 스페이스
로 빈칸을 만들고 맨 끝에
두 번째 폰트로 마침표(.)를 입
력합니다. 다음 줄에서는 마침
표를 찍고 스페이스로 빈칸을
늘려줍니다. 상단의 글자 꾸미
기를 두 번 눌러 박스를 만듭
니다. 화면 아래쪽에 위치해줍
니다.

3 이전과 같은 방법으로 박스를 하나 더 만들어 주는데 이번에는 스페이스를 더 여러 번 눌러 가로로 길게 만들어줍니다. 왼쪽 정렬을 하면 더 길게 만들 수 있습니다. 색상 탭에서 스포이드로 사진 속에서 색상을 추출하여 박스의 색상을 변경합니다.

4 생성한 구매 버튼 박스를 맨 아래쪽에 배치합니다. 흰색 점은 다른 문자를 입력한 후 색상을 변경하여 가릴 수 있습니다.

5 화면 상단의 스티커 메뉴에서 앨범 아이콘을 누르고 프레임에 들어갈 사진들을 추가합니다. 불러온 사진을 알맞게 배치합니다. 중앙에 먼저 배치해야 나머지 사진의 위치를 잡기가 훨씬 수월해집니다. 위 스토리에 사용한 사진의 비율은 3:4입니다.

6 문자 도구에서 네 번째 폰트로 언더 바(_)를 입력해 준 뒤 표시된 곳에 배치합니다.

7 사진을 소개하는 문구를 입력해 넣습니다.

8 중간점을 이용하여 제품의 색상 옵션도 표시해줍니다. 원하는 부분만 선택하여 개별적으로 색상을 변경할 수 있습니다.

9 스티커 메뉴를 열고 링크 스티커로 들어갑니다. URL 칸에 원하는 링크 주소를 입력합니다. 스티커 텍스트 맞춤 설정을 누르면 원하는 문구를 넣어 스티커에 표시할 수 있습니다. 완료를 누릅니다.

10 생성된 링크 스티커를 구매 버튼 박스 위에 올립니다. 스티커의 색상은 여러 번 눌러 변경할 수 있습니다. 추가로 빈 공간에 원하는 문구를 넣어주면 완성!

코닥 폴라로이드 감성 스토리

세로쓰기 사진 출처 @l_apin7

따라하기 QR코드

폴라로이드 감성을 살린 스토리 꾸미기입니다. 단순히 프레임을 만들고 사진만 올리는 것이 아닌 그림자 효과, 배경 반투명 효과, 글자 개별 색상 바꾸기 등 다양한 기능들을 활용한 알찬 디자인입니다.

1 사진을 불러옵니다. 만약 비율이 맞지 않는다면 사진을 확대하여 배경을 꽉 채워줍니다. 문자 도구를 열어 오른쪽 끝 마지막 폰트로 마침표(.)를 입력한 후 상단의 글자 꾸미기를 두 번 누릅니다. 왼쪽의 크기 조절 바를 최대로 올려주고 스페이스로 모양을 늘립니다.

2 마침표가 위쪽에 위치하도록 프레임을 배치합니다.

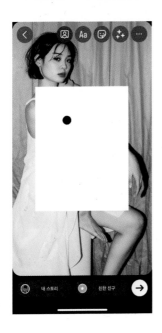

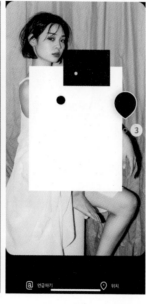

3 똑같은 크기의 프레임을 하나 더 만듭니다. 색상 탭에서 스포이드를 이용하여 사진 속 그림자의 색상을 추출하면 프레임의 색상이 바뀝니다.

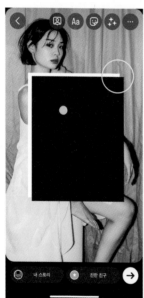

4 두 번째로 생성한 프레임을 사진과 같이 배열 후 흰색 프레임을 터치하면 아래에 있던 흰색 프레임이 위로 올라옵니다.

Tip
뒤쪽 흰 프레임을 선택하기 어렵다면 처음부터 어두운 색 프레임을 먼저 그린 다음 흰색 프레임을 두 번째로 만들고 얹어보세요.

5 화면 상단의 스티커 메뉴에서 앨범 아이콘을 누르고 프레임 안에 넣을 사진을 추가합니다.

6 불러온 사진을 여러 번 눌러 정사각형 모양으로 변경한 후 프레임 위에 알맞게 배치합니다. 문자 도구에서 언더 바(_)를 다섯 번 연속 입력한 후 전체 선택합니다.

Tip

변경하는 과정에서 뒤에 있는 프레임이 선택되지 않도록 사진의 정가운데를 터치해주세요.

7 언더 바 하나를 블록으로 선택하고 색상을 변경하면 사진과 같이 선택된 글자만 색상이 바뀝니다. 같은 방법으로 다섯 개의 언더 바를 각각 다른 색상으로 변경합니다.

8 색상 변경이 끝난 언더 바 막대를 프레임 아래쪽으로 배치한 후 그 위에 'Polaroid'를 입력하여 올립니다. 나머지 여백은 자유롭게 채워줍니다.

9 그리기 메뉴에서 형광펜
을 선택한 후 스포이드를
누릅니다.

10 사진에서 메인 색상을
선택한 뒤 화면을 길
게 눌러주면 배경이 반투명
하게 채워져 완성됩니다.

팬톤 올해의 컬러 스토리

팬톤(Pantone) 컬러의 디자인을 활용한 스토리 꾸미기입니다.
메인 컬러가 명확한 사진으로 나만의 올해의 컬러 스토리를 꾸며 봅시다.

따라하기 QR코드

1 사진을 불러옵니다. 만약 비율이 맞지 않는다면 사진을 꽉 차도록 확대해줍니다.

2 문자 도구를 열어 오른쪽 끝 마지막 폰트로 마침표(.)를 입력한 후 글자 꾸미기를 두 번 누릅니다. 왼쪽의 크기 조절 바를 최대로 올려주고 스페이스로 모양을 늘립니다. 생성된 사각 프레임을 화면의 가운데에 배치합니다.

3 화면 상단의 스티커 메뉴에서 앨범 아이콘을 누르고 원하는 사진을 추가합니다. 사진을 여러 번 누르면 정사각형 모양으로 변경할 수 있습니다.

4 위쪽은 굵은 폰트로 제목을 입력하고 아래쪽은 얇은 폰트 색상의 이름을 입력하여 배치합니다.

Tip

Registered Trademark 마크(®)는 기본 자판에 없기 때문에 '재르시 키보드' 같은 키보드 보조 앱을 사용했습니다. 구글에서 'R 마크'를 검색하여 복사해 붙여 넣는 방법도 있습니다.

5 그리기에서 하단의 스포이드를 누르고 메인 색상을 고릅니다.

6 화면을 길게 누르면 선택된 색상으로 전체 배경이 칠해집니다. 완성!

Tip
기본 펜이 아닌 형광펜을 선택하면 배경이 반투명으로 칠해집니다.

아이폰 에어드롭 스토리

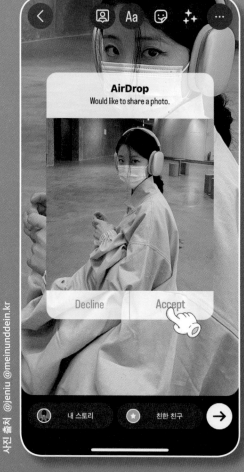

사진 출처 @jeniu @meinunddein.kr

따라하기 QR코드

아이폰 에어드롭(AirDrop) 디자인의 스토리 꾸미기입니다.
새로운 사진을 더욱더 세련되게 스토리로 올리고 싶을 때 사용하면 좋은 방법입니다.

1 사진을 불러옵니다. 만약 비율이 맞지 않는다면 두 번째 사진과 같이 확대하여 배경을 꽉 채워줍니다. 문자 도구를 열어 반투명 박스를 만들어줍니다. 첫 번째 폰트로 마침표(.)를 입력한 후 상단의 글자 꾸미기를 두 번 누르면 흰색 반투명 박스가 생성되는데 스페이스와 엔터로 모양 및 크기 조절이 가능합니다.

2 생성된 박스를 화면 중앙에 알맞은 크기로 배치합니다. 똑같은 크기의 박스를 하나 더 만들어 겹치면 흰색이 진해집니다.

155

3 다시 문자 도구를 열어 언더 바( )를 여러 번 입력해 가늘고 긴 막대를 만들어줍니다. 상단의 색상표를 눌러 막대의 색상을 연한 회색으로 변경합니다.

4 생성한 막대를 세로로 돌려서 박스 하단 중앙 끝쪽에 배치합니다.

5 스티커 메뉴를 열어 앨범에서 사진을 불러옵니다.

6 불러온 사진을 여러 번 누르면 모양이 바뀌는데 정사각형 모양으로 변경한 후 박스 위에 알맞게 배치합니다. 박스 위쪽 영역에 문구를 넣어줍니다.

7 아래쪽 영역에도 각각의 문구들을 입력해 넣어줍니다. 인스타그램에는 글자를 굵게 만드는 기능이 없기 때문에 두 개의 똑같은 글자를 겹쳐 주면 굵게 표현이 가능합니다.

8 버튼을 누르는 듯한 GIF 스티커(mouse, mouse point, click, tap 등)를 추가해 주면 더욱 좋습니다. 완성!

띠부띠부씰 스토리 꾸미기

사진 출처 @jeonghwa___99820

따라하기 QR코드

띠부띠부씰 스티커에서 영감을 받은 스토리 꾸미기입니다.
인물 사진뿐만 아니라 다양한 주제의 사진들을 귀엽게 꾸밀 수 있습니다.

1 사진을 불러옵니다. 만약 비율이 맞지 않는다면 사진을 확대하여 배경을 꽉 채워줍니다. 더보기(…)를 눌러 그리기 모드로 전환합니다. 형광펜을 선택한 후 아래의 스포이드로 배경색으로 사용할 색상을 사진에서 선택합니다.
화면을 누르고 있으면 배경이 반투명으로 전체가 칠해집니다.

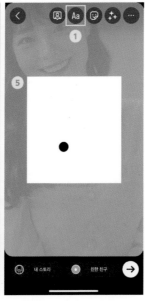

2 문자 도구를 열어 오른쪽 끝 마지막 폰트로 마침표(.)를 입력한 후 배경 꾸미기를 두 번 누릅니다. 왼쪽의 크기 조절 바를 최대로 올려주고 스페이스로 모양을 늘립니다. 생성된 사각 프레임을 화면의 가운데에 배치합니다.

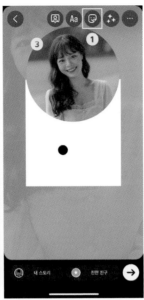

3 화면 상단의 스티커 메뉴를 열고 앨범 모양의 아이콘을 누르면 사진첩에서 사진을 불러올 수 있습니다. 원하는 사진을 불러옵니다. 불러온 사진을 눌러 원 모양으로 변경한 뒤 위쪽으로 잠시 옮깁니다.

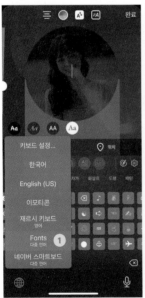

4 키보드 앱 Fonts로 ● 도형을 입력한 후 스포이드를 사용하여 원하는 색상으로 변경합니다.

Tip
아이폰은 특수문자 종류가 많지 않기 때문에 Fonts와 같은 키보드 앱을 추가로 사용하면 스토리를 꾸미는 데 많은 도움이 됩니다.

5 생성된 원 도형을 프레임 가운데 알맞은 크기로 배치한 후 그 위에 사진을 올립니다.

6 문자 입력을 선택하고 오른쪽 끝에서 두 번째 폰트로 원하는 문구를 입력한 후 글자 배경 꾸미기를 두 번 눌러 줍니다. 스페이스로 앞쪽에 충분한 여백을 만들어줍니다. 스포이드로 사진에서 배경 색상을 골라 변경합니다.

7 생성된 오브젝트를 프레임 왼쪽 상단에 배열해줍니다.

8 같은 방법으로 숫자를 입력하여 이전 오브젝트의 왼쪽 여백에 올립니다. 오른쪽 하단은 사진과 관련된 다른 문구를 입력하여 추가합니다. 사진과 잘 어울릴만한 GIF 스티커(new post, pink heart)를 추가하면 완성!

스케치북 스토리

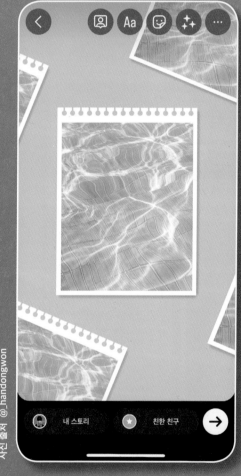

사진 출처 @_handongwon

따라하기 QR코드

특수 기호를 이용하여 고퀄리티의 스케치북 프레임을 만드는 방법입니다.

1 사진을 불러옵니다. 더보기(⋯)를 눌러 그리기 모드로 전환합니다. 하단의 스포이드를 누르고 사진에서 배경으로 사용할 색상을 고릅니다. 화면을 길게 눌러 배경 전체를 칠합니다.

2 문자 도구를 열어 오른쪽 끝 마지막 폰트로 마침표(.)를 입력한 후 배경 꾸미기를 두 번 누릅니다. 왼쪽의 크기 조절 바를 최대로 올려주고 스페이스로 모양을 늘립니다. 생성된 사각 프레임을 화면의 가운데에 배치합니다.

3 언더 바(_)를 입력하고 그림자가 바깥쪽으로 향하게 하여 프레임의 오른쪽, 아래 끝에 각각 배치합니다.

Tip
아이폰은 가끔 흰색 글자의 그림자가 없어질 때가 있습니다. 그럴 때에는 글자 색상을 다른 색으로 변경한 후 다시 흰색으로 바꿔주면 그림자가 생깁니다.

4 뒤쪽의 프레임을 길게 눌러서 맨 앞으로 배치합니다.

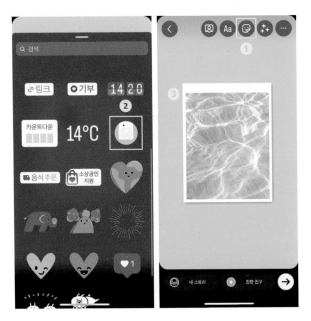

5 화면 상단의 스티커 메뉴에서 앨범 아이콘을 누르고 원하는 사진을 추가합니다. 불러온 사진을 여러 번 눌러 모서리 모양을 직각으로 변경한 뒤 프레임 하단에 가깝게 배치합니다.

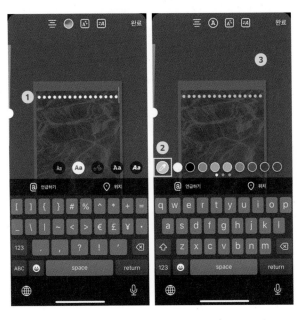

6 문자 도구에서 중간점(·)을 여러 개 입력합니다. 색상 탭에서 스포이드를 이용해 글자 색상을 배경색으로 변경합니다.

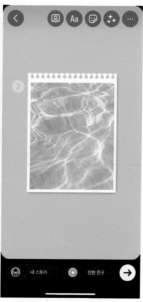

7 중간점들을 프레임 상단에 배치합니다. 이번에는 수직 바(|)를 중간점 개수만큼 똑같이 입력한 후 배경색으로 변경합니다. 크기를 잘 조절한 후 배치하여 뜯어진 스케치북 모양을 연출해줍니다.

8 스크린샷 기능으로 화면을 캡처한 후 약간의 여백을 두고 잘라서 앨범에 저장합니다. 다시 스토리로 돌아와 캡처한 이미지를 불러와서 다음과 같이 배치하면 완성!

유튜브 썸네일 스토리

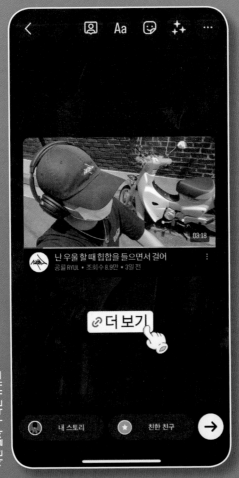

사진 출처 우혁군 유튜브

유튜버인 척하기 딱 좋은 스토리 꾸미기입니다. 실제로 팔로워들의 반응이
뜨거웠던 만큼 시선을 끌고 싶을 때 쓰면 유용합니다.

따라하기 QR코드

1 유튜브에서 아무 영상이
  나 캡처해서 저장합니다.
저장한 썸네일을 스토리 배경
으로 불러와주세요.

2 스티커 메뉴에서 앨범으
  로 들어가 썸네일로 사
용할 사진을 불러옵니다(비율
16:9).

3 사진을 여러 번 눌러 직각 모서리 모양으로 변경한 후 썸네일 부분을 덮어줍니다.

4 3과 같은 방법으로 이번 에는 프로필로 사용할 사 진을 불러옵니다.

 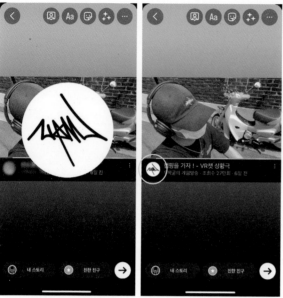

5 사진을 눌러서 원 모양으로 바꿔준 뒤 크기를 줄여 프로필 사진 위치에 올립니다.

6 영상 제목, 채널명, 조회수 등 차례로 입력한 후 동일한 자리 위에 올립니다.

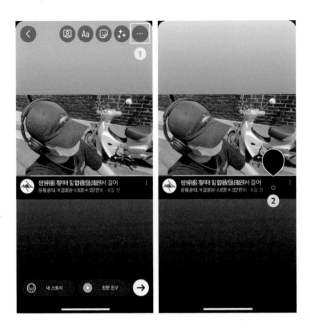

7 그리기 모드에서 색상표 왼쪽의 스포이드로 영상 제목이 적힌 배경을 선택합니다.

8 글자 부분을 칠하면 새로 입력한 문구만 남습니다.

9 영상 길이를 입력합니다. 문자 도구에서 첫 번째 폰트로 입력한 후 상단의 글자 꾸미기를 눌러주면 다음과 같이 반투명 박스가 생깁니다.

10 완성된 가짜(?) 썸네일 부분을 캡처해서 저장합니다.

11 뒤로 가기를 눌러 앨범
으로 돌아와서 썸네일
에 사용한 사진을 스토리로 불
러옵니다.

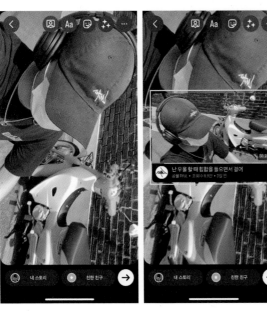

12 화면이 꽉차게 사진을
알맞게 확대한 후 썸네
일을 불러옵니다.

13 그리기 도구에서 형광펜을 선택하고, 아래 색상표에서 검은색을 고른 후 화면을 꾹 누르고 있으면 다음과 같이 배경 전체가 반투명하게 칠해집니다.

14 스티커 메뉴에서 링크를 누르면 다음과 같은 화면이 나타납니다. URL 칸에 원하는 링크를 입력합니다. '스티커 텍스트 맞춤 설정'을 누릅니다.

15 원하는 문구로 링크 스티커를 생성할 수 있습니다. 완료를 누릅니다.

16 스티커 색상, 유형은 눌러서 변경이 가능하고 GIF 스티커를 더하면(검색어: Click) 훨씬 더 자연스럽게 클릭을 유도할 수 있습니다. 완성!

킨포크 감성 스토리

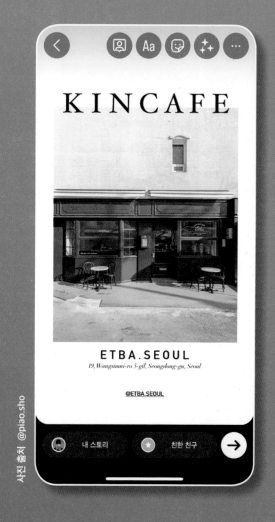

사진 출처 @piao.sho

따라하기 QR코드

카페, 풍경, 인물 등 다양한 사진들을 감성적인 매거진처럼 바꿔주는 스토리 꾸미기입니다. 방법도 간단하여 매우 효율적입니다.

1 흰색 배경을 준비해주세요. 사진을 불러온 뒤 그리기 도구에서 흰색을 선택한 후 화면을 꾹 누르면 배경이 한 번에 칠해집니다.

2 상단의 스티커 메뉴에서 앨범 아이콘을 누른 후 원하는 사진을 불러옵니다.

3 사진을 여러 번 눌러 모서리를 직각으로 변경한 후 적당한 크기로 늘립니다.

4 문자 도구에서 맨 오른쪽 끝의 폰트를 선택한 후 메인으로 들어갈 문구를 입력합니다. 왼쪽의 크기 조절 바를 이용해 글자의 크기를 알맞게 조절해줍니다. 글자 색상을 변경하려면 화면 상단의 색상 아이콘을 눌러주세요.

5 입력한 문구를 사진 상단 쪽에 배치합니다. 글자 아랫부분을 사진과 살짝 겹치게 배치하는 게 포인트입니다.

6 하단 여백은 사진과 관련된 정보들로 채웁니다. 여기서는 카페 이름, 주소, 인스타그램 계정을 넣었습니다. 폰트를 각각 다르게 지정하면 훨씬 더 감성적인 분위기를 연출할 수 있습니다.

매거진B 표지 스토리

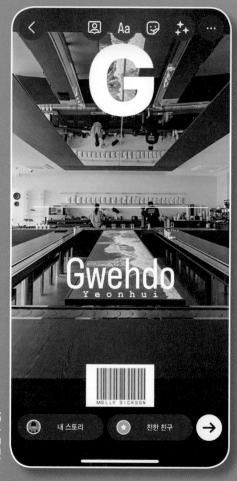

사진 출처 @piao.sho

따라하기 QR코드

힙한 카페에 항상 비치되어 있는 그 잡지의 디자인을 가져왔습니다.

단순하지만 힙하게 스토리를 꾸미고 싶을 때 좋은 아이디어입니다.

1 사진을 불러옵니다. 만약 비율이 맞지 않는다면 배경에 빈 공간이 없도록 확대해 줍니다.

2 문자 도구에서 언더 바( )를 연속으로 입력하여 긴 막대를 만들어줍니다. 폰트와 왼쪽의 크기 조절 바로 굵기를 조절할 수 있습니다. 막대를 화면의 가운데에 배치합니다.

3 막대를 기준으로 위에는 알파벳 대문자 하나를 아래에는 사진을 설명하는 대표적인 문구를 입력합니다(저는 카페 이름으로 했습니다).

4 잡지의 핵심 요소 중 하나인 바코드가 들어갈 배경을 만듭니다. 문자 도구를 열어 오른쪽 끝 마지막 폰트로 마침표(.)를 입력한 후 배경 꾸미기를 두 번 누릅니다. 왼쪽의 크기 조절 바를 최대로 올려주고 스페이스로 모양을 늘립니다. 검은색 점이 아래쪽으로 향하도록 돌려준 뒤 화면 하단에 배치합니다.

5 상단의 스티커 메뉴에서 GIF로 들어가 'barcode'를 검색합니다.

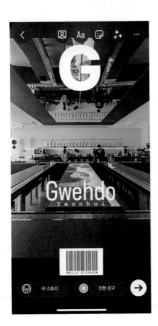

6 바코드 스티커를 미리 만들어둔 흰색 배경 위에 알맞게 배치합니다. 완성.

난이도 ★★★☆☆

맥북 프레임 스토리

사진 출처 @xxnoil_

따라하기 QR코드

간단한 방법으로 맥북의 감성을 연출할 수 있는 스토리 꾸미기입니다.

배경에 효과까지 추가하면 훨씬 더 감각적인 디자인의 스토리가 완성됩니다.

1 사진을 불러옵니다. 만약 비율이 맞지 않는다면 두 번째 사진과 같이 확대하여 배경을 꽉 채워줍니다.
더보기(⋯)를 눌러 그리기 모드로 전환합니다. 형광펜을 선택한 후 아래의 스포이드로 배경색으로 사용할 색상을 사진에서 선택합니다.

2 화면을 길게 누르고 있으면 사진과 같이 배경 전체가 반투명으로 칠해집니다.

3 화면 상단의 스티커 메뉴에서 앨범 아이콘을 누르고 원하는 사진을 추가합니다.

4 문자 도구에서 언더 바(_)를 여러 번 입력해 막대를 만들어줍니다. 왼쪽의 크기 조절 바를 이용해 굵기를 조절한 후 연한 회색으로 변경합니다.

5 막대를 사진의 위쪽에 배치합니다.

6 다시 문자 도구를 열고 중간점(·) 3개를 입력한 뒤 전체 선택합니다.

7 진분홍색을 선택해 변경한 후 커서를 한 칸 오른쪽으로 이동시킵니다. 그 상태에서 다른 색상을 누르면 부분 선택된 영역만 색상이 바뀝니다.

8 같은 방법으로 세 번째 중간점도 색을 변경한 후 사진과 같이 배치합니다. 파일명도 입력하여 배치합니다.

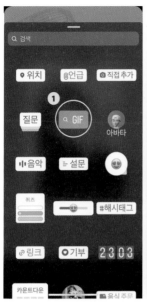

9 스티커 메뉴의 GIF에서 'mouse pointer'를 검색한 후 마음에 드는 스티커를 추가합니다.

10 사진 위 원하는 위치에 배치한 후 상단의 효과 꾸미기 메뉴에서 Platan 효과를 적용합니다. 완성!

광고보다 더 광고 같은 스토리

인스타그램 광고처럼 스토리 ... 더보기

🔗 강의 보러가기

사진 출처 Unsplash

내 스토리   ★ 친한 친구

따라하기 QR코드

스토리를 넘기다가 자주 봤을 법한 광고 같은 스토리 꾸미기입니다.
광고비를 내지 않아도 충분히 광고 같은 느낌의 스토리를 꾸밀 수 있습니다!

1 사진을 불러온 뒤 화면에 맞추어 알맞게 확대해줍니다. 오른쪽 상단의 더보기 (…)에서 '그리기'를 누릅니다.

2 상단의 형광펜을 선택한 후 스포이드를 이용해 사진에서 색상을 고릅니다.

3 화면을 길게 누르고 있으면 사진과 같이 배경 전체가 반투명으로 칠해집니다.

4 스티커 메뉴에서 앨범 모양의 아이콘을 누르면 사진첩에서 사진을 불러올 수 있습니다. 원하는 사진을 불러와 줍니다.

5 문자 도구를 열어 마침표
(.)를 입력한 후 상단의 글
자 배경 꾸미기 아이콘을 두
번 누르면 다음과 같이 흰색
박스가 생성됩니다. 스페이스
를 연속으로 입력하여 크기를
늘릴 수 있습니다. 생성된 박
스를 다음과 같이 사진 위쪽에
맞추어 배치합니다.

6 사진을 누르면 다음과 같
이 상자 위로 사진이 올라
옵니다.

7 다시 문자 도구에서 언더
바(_)를 연속으로 입력하
여 긴 막대를 만든 뒤 다음과
같이 배치하여 사진과 박스의
경계를 자연스럽게 만들어줍
니다.
원하는 문구를 입력하고 박스
영역에 올립니다.

8 스티커 메뉴에서 링크 아
이콘을 눌러 스토리에 링
크 스티커를 추가할 수 있습니
다. URL을 입력한 후 스티커
텍스트 맞춤 설정을 누릅니다.

9 원하는 문구를 넣고 완료를 누릅니다. 생성된 링크 스티커를 화면의 아래쪽에 배치합니다.

10 스티커 메뉴에서 GIF 아이콘을 누르고 '클릭'을 검색하여 원하는 스티커를 추가합니다. 완성!

4장

음악, 그리고 스토리

INSTAGRAM STORY

아이팟 감성 스토리

세로 출처 @xxnoil_

따라하기 QR코드

아이팟 모양의 UI 디자인을 스토리로 꾸며보겠습니다.
스크린 부분에는 앨범 재킷 이미지 느낌이 나는 사진을 배치해보세요.

1 사진을 불러옵니다. 만약 비율이 맞지 않는다면 두 번째 사진과 같이 화면이 꽉 차게 확대해줍니다.

2 문자 도구를 열어 첫 번째 폰트로 마침표(.)를 입력한 후 배경 꾸미기를 두 번 누릅니다. 스페이스를 눌러 크기를 늘린 뒤 생성된 사각 프레임을 확대해서 화면의 가운데에 배치합니다.

Tip

안드로이드는 왼쪽의 크기 조절 바를 끝가지 올리면 사진과 같은 크기로 확대가 가능합니다.

3 화면 상단의 스티커 메뉴에서 앨범 아이콘을 누르고 화면에 넣을 사진을 추가합니다. 이때 사진 크기의 비율은 4:3을 권장합니다.

4 원 모양 특수 기호로 터치 패드를 만듭니다. 원을 만드는 방법은 여러 가지가 있는데 이번 스토리에서는 재르시 앱의 특수 기호를 사용합니다. 상단의 색상표 아이콘을 눌러 팔레트를 불러온 뒤 스포이드로 사진에서 잘 어울리는 색상을 골라 원 기호의 색을 바꿔줍니다.

5 흰색 원을 하나 더 입력하
여 만들어놓은 원 기호 위
에 올립니다.

6 터치패드 위쪽에 'MENU'
를 입력해 배치하고 <, =,
> 기호로 나머지 버튼도 만들
어줍니다. 왼쪽 상태로 올려도
괜찮지만 에어팟과 사진이 더
잘 보이게 하고 싶다면 오른쪽
처럼 배경을 불투명하게 만드
는 게 좋습니다.

Tip

반투명 배경을 전체에 칠하려면
그리기 도구에서 형광펜을 선택
하고 스포이드로 사진에서 색을
선택한 뒤 화면을 길게 누릅니다.

반투명 뮤직플레이어
프레임 스토리

사진 출처 @jeonghwa_ _ _99820

따라하기 QR코드

새로운 사진(New Post)을 자랑하기 좋은 뮤직플레이어 디자인의
스토리 꾸미기입니다. 이번 스토리에는 글자 배경 꾸미기를 활용한 반투명 프레임과
GIF 스티커, 링크 스티커, 뮤직 스티커 등 다양한 요소의 사용법을 담았습니다.

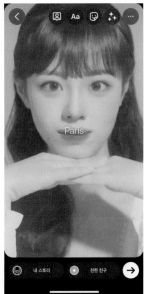

1 자랑하고 싶은 사진을 불러옵니다. 이때 사진 크기의 비율은 1:1 정방형을 권장합니다. 화면이 꽉 차게 확대한 후 오른쪽에서 왼쪽으로 화면을 쓸어서 Paris 필터를 적용합니다. 사진의 질감이 매끄러워집니다.

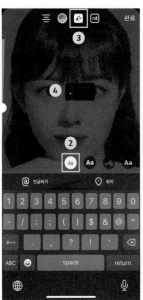

2 문자 도구를 누른 다음 첫 번째 폰트로 마침표(.)를 입력한 후 화면 상단의 글자 배경 꾸미기 아이콘을 눌러 반투명 박스를 생성합니다. 스페이스를 눌러 박스 크기를 조절합니다. 두 손가락을 이용해 프레임 크기를 알맞게 키웁니다.

3 여기서부터 프레임 위에 올라갈 오브젝트들이 많습니다. 선택에 자신이 없는 분들은 여기서 이미지를 저장한 후 진행해주세요. 그런 다음 스티커 메뉴에서 앨범 아이콘을 누르고 같은 사진을 스티커로 불러온 후 프레임 상단에 배치합니다.

4 제목 부분에 들어갈 문구를 입력합니다. 여기서는 두 번째 폰트를 추천합니다.

5 아티스트 부분에 들어갈
문구를 문자 도구로 입력
한 후 색상을 옅은 회색으로
변경합니다.

6 스티커 메뉴에서 GIF를
누르고 음악 재생과 관
련된 GIF 스티커(추천 검색어:
spotify, music play, sound)를 찾
아 프레임을 꾸밉니다.

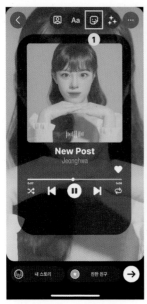

7 프레임 아래쪽 공간에 여유를 두고 음악 재생 바 스티커를 배치하려고 합니다. 스티커 메뉴에서 링크 아이콘을 누릅니다.

8 게시물 사진 하단의 공유 버튼을 누르고 '링크 복사'를 눌러서 링크로 연결할 게시물의 계정을 복사합니다.

9 URL 입력란에 게시물 링크를 붙여 넣습니다(미리 보기 버튼을 눌러 링크가 제대로 작동하는지 확인할 수 있어요). 스티커 텍스트 맞춤 설정을 눌러 원하는 문구로 변경할 수 있어요.

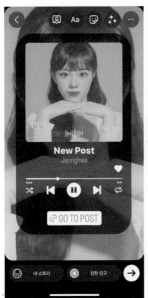
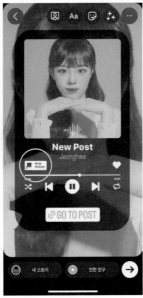

10 생성된 링크 스티커를 프레임 하단에 배치합니다. 재생 바 왼쪽 상단에 좋아하는 노래의 음악 스티커를 넣으면 완성입니다.

PART 4 음악, 그리고 스토리

LP 감성 앨범 커버 스토리

사진 출처 @eolx.u

따라하기 QR코드

내 사진을 감각적이고 힙한 앨범 커버로 바꿔주는 스토리 꾸미기입니다. 화려하지만 유난스럽지 않기 때문에 이 스토리를 보는 팔로워들이 화면을 넘기려는 손가락을 멈추고 주목할 수밖에 없을 겁니다.

1 사진을 불러옵니다. 만약 비율이 맞지 않는다면 두 번째 사진과 같이 화면이 꽉 채워지도록 확대해줍니다.

Tip

안드로이드 사용자는 반드시 다음 과정을 진행 후 다음으로 넘어가세요. [화면에 맞게 사진 확대] - [저장] - [다시 불러오기] - [효과 필터 적용] - [저장] - [다시 불러오기]

2 스티커 메뉴에서 앨범 아이콘을 눌러 원하는 사진을 추가합니다.

211

3 사진을 여러 번 눌러 모서리를 직각으로 변경한 후 가운데에서 살짝 위에 배치합니다.

4 스티커 메뉴에서 GIF 아이콘을 누르고 'vinyl'을 검색하고 마음에 드는 LP판 스티커를 선택합니다. 스티커를 사진과 같은 크기로 확대한 후 절반만 겹쳐서 아래쪽에 배치합니다.

Tip

안드로이드는 GIF 스티커 위에 글자나 사진 등을 올릴 수 없기 때문에 여기에서 한 번 더 저장한 후 다시 불러와서 다음 단계를 진행해주세요.

5 같은 사진을 하나 더 추가
하여 원 모양으로 변경한
후 LP판 위에 올립니다. 뒤에
있는 사진을 누르면 다음과 같
이 맨 앞으로 정렬됩니다.

 Tip

안드로이드는 사진을 새로 추가
하여 그 위에 덮어주면 됩니다.

6 음악과 관련된 GIF 스티
커(키워드: Spotify, Advisory,
Sound wave, Music 등)로 사진
을 꾸며줍니다.

7 사진 위쪽 공간이 허전하니 태그 오브젝트를 하나 추가합니다. 문자 도구에서 'New Post'를 입력한 후 화면 상단의 글자 배경 꾸미기 버튼을 눌러 흰색 배경을 만들어줍니다. 색상표에서 스포이드로 마음에 드는 색상을 고릅니다.

8 <를 입력한 후 방금 만든 태그 오브젝트 아래에 배치합니다.

Tip
태그 오브젝트가 번거롭다면 다른 오브젝트(문자, 스티커 등)로 꾸며도 좋습니다.

9 상단의 효과 필터 메뉴에서 마음에 드는 효과를 적용해주면 완성!

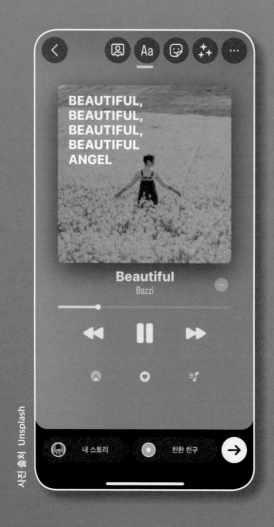

움직이는 앨범 커버 스토리

사진 출처 Unsplash

따라하기 QR코드

효과 필터 적용 한 번으로 끝내는 가성비 최고의 앨범 커버 스토리 꾸미기입니다. 여기에 음악 스티커 가사 기능까지 곁들이면 더 멋진 스토리가 완성됩니다.

1 사진을 불러온 뒤 화면에 크기에 맞추어 확대해줍 니다(빨간색 네모 영역이 커버 이 미지가 됩니다). 저장한 후 뒤로 가기를 눌러 앨범에 저장된 배 경을 다시 불러옵니다.

2 상단의 효과 필터 메뉴에 서 MUSIC PLAYER 효과 를 적용해줍니다. 스토리 시작 시 재생 버튼이 눌리면서 커버 이미지가 커지는 애니메이션 이 나옵니다.

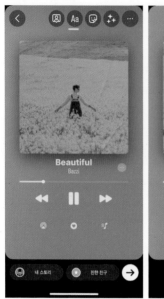

3 문자 도구에서 배경 음악으로 추가할 노래 제목과 가수 이름을 입력하여 추가합니다. 스포이드를 이용하여 글자 색상을 재생 바 색상과 같게 바꾸어 주면 더욱 자연스러워집니다.

4 스티커 메뉴의 음악 스티커에서 추가하고 싶은 음악을 검색합니다. 오른쪽의 재생 버튼을 누르면 미리 듣기가 가능합니다.

5 노래를 눌러 들어가면 하단에서 가사 애니메이션, 클립 기간, 클립 구간을 설정할 수 있습니다.

Tip

가사 애니메이션을 지원하지 않는 음원도 있습니다. 클립 기간은 최대 15초까지 설정 가능하며 영상의 경우 클립 기간을 조절할 수 없습니다.

6 가사 스티커를 적절한 곳에 배치하면 완성!

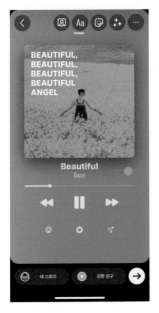

스포티파이 감성 스토리

사진 출처 @2_zzzi

따라하기 QR코드

스포티파이 감성의 간단하지만 임팩트 있는 스토리 꾸미기입니다. 사진의 색상으로 배경과 글자 색상을 지정하면 더욱더 자연스러운 스토리를 만들 수 있습니다.

1 사진을 불러옵니다. 만약
비율이 맞지 않는다면 두
번째 사진과 같이 화면이 꽉
차도록 사진을 확대해줍니다.
프레임이 들어올 공간을 고려
하여 알맞게 조정해주세요.

2 더보기(⋯)를 눌러 그리기
모드로 전환합니다. 형광
펜을 선택한 후 아래의 스포이
드로 배경색으로 사용할 색상
을 사진에서 선택합니다.

223

3 화면을 길게 누르면 사진과 같이 배경 전체가 반투명으로 칠해집니다.

4 화면 상단의 스티커 메뉴에서 앨범 아이콘을 누르고 원하는 사진을 추가합니다. 사진을 여러 번 눌러 모서리를 직각으로 변경한 후 다음과 같이 사진을 배치합니다.

5 문자 도구에서 'NEW', 'POST'를 각각 입력하여 다음과 같이 배치합니다. 글자 색상은 스포이드를 이용하여 사진 속에서 배경과 잘 어울리는 색상으로 선택합니다.

6 문자 도구에서 중간점(·)을 입력한 후 화면 왼쪽 상단에 배치합니다.

7 스티커 메뉴의 GIF에서 'sound'를 입력한 후 표시된 스티커를 추가해 원 위에 올립니다.

8 스티커 메뉴에서 음악 아이콘을 누르고 원하는 노래를 선택하여 추가합니다. 하단에서 클립 구간 및 클립 시간을 설정할 수 있습니다.
음악 스티커를 배치한 후 노래 가사를 더미 텍스트로 넣어주면 완성!

즐겨 듣는 음악과
함께 꾸미는 스토리

사진 출처 @sae.na_0

따라하기 QR코드

음악 스티커 기능을 활용한 뉴 포스트 스토리 꾸미기입니다.

내가 좋아하는 음악과 함께 자랑하고 싶은 사진을 스토리에 올려 보세요!

1 사진을 불러옵니다. 만약 비율이 맞지 않는다면 두 번째 사진과 같이 확대하여 배경을 꽉 채워줍니다. 프레임이 들어올 공간을 고려하여 알맞게 조정해주세요.

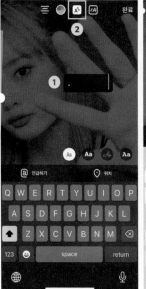

2 문자 도구로 들어가서 마침표(.)를 입력한 후 상단의 '글자 배경 꾸미기'를 1번 눌러 반투명 박스를 생성해줍니다. 스페이스를 눌러 길이를 늘립니다.

Tip

안드로이드 이용자는 확대 제한이 있기 때문에 다음 방법으로 진행해주세요. 먼저 화면 왼쪽 크기 조절 바를 최대로 올립니다. 띄어쓰기를 한 줄 최대치까지 입력합니다. 그대로 복사해서 한 칸 띄운 다음 붙여줍니다.

3 생성된 반투명 박스의 크기를 최대로 늘려 배경 화면을 덮어줍니다.

4 화면 오른쪽 상단의 더보기(⋯)를 누른 후 저장을 누릅니다. 뒤로 가기를 누른 후 앨범에 저장된 반투명 배경을 다시 불러옵니다.

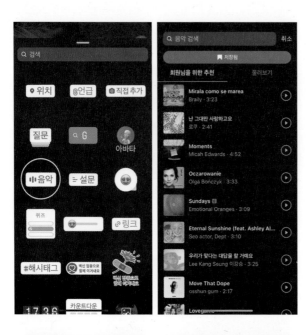

5 화면 상단의 스티커 메뉴를 열고 '음악 스티커'를 누릅니다. 좋아하는 음악을 검색해서 선택합니다.

6 아래에서 앨범 커버 이미지를 선택한 후 완료를 누릅니다. 알맞게 크기를 조절해주고 화면 가운데에 정렬합니다.

Tip

안드로이드 이용자는 음악 스티커 위에 사진이 올라가지 않기 때문에 한 번 더 저장한 후 다시 불러옵니다.

7 스티커 메뉴에서 앨범 아이콘을 눌러 사진을 불러와줍니다. 불러온 사진을 앨범 커버 이미지 위에 올립니다.

8 스티커 메뉴에서 GIF를 눌러 'music play'를 검색해 음악 재생 바 스티커를 추가합니다.

9 마지막으로 new post 관련 스티커를 추가합니다. 검색어 뒤에 색상을 입력하면 더 상세하고 다양한 스티커들이 나옵니다. 스티커를 적절하게 배치하면 완성!

킬링 벌스 스토리

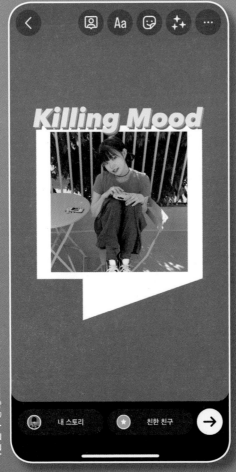

사진 출처 @2_zzi

따라하기 QR코드

딩고의 대표 콘텐츠 킬링 벌스(Killing Verse)의 디자인을 활용한
킬링 무드(Killing Mood) 스토리 꾸미기입니다.

1 사진을 불러옵니다. 더보
기(⋯)를 눌러 그리기 모
드로 전환한 후 하단의 스포이
드를 이용하여 사진 속 색상을
선택합니다.

2 화면을 길게 눌러서 배경
전체를 칠합니다.

3 문자 도구를 열어 오른쪽 끝 마지막 폰트로 마침표 (.)를 입력한 후 배경 꾸미기를 두 번 누릅니다. 왼쪽의 크기 조절 바를 최대로 올려주고 스페이스로 모양을 늘립니다. 생성된 사각 프레임을 화면의 가운데에 배치합니다.

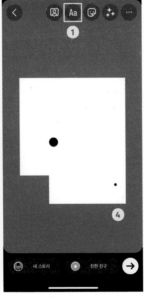

4 같은 방법으로 이번에는 조금 더 긴 직사각형의 도형을 만든 후 다음과 같이 배치합니다.

5 배경과 같은 색상의 직사각형을 생성하여 이전의 도형 위에 덮어주면 직각 삼각형을 만들 수 있습니다. 글자 배경 색상은 글자 배경 꾸미기 버튼이 반드시 두 번 눌러져 있는 상태여야 합니다.

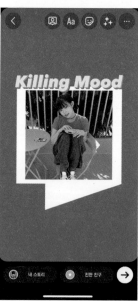

6 다섯 번째 폰트로 'Killing Mood'를 입력한 후 상단의 글자 배경 꾸미기를 누르고 스포이드를 활용해 배경색으로 색상을 변경합니다. 프레임 상단에 살짝 겹쳐서 배치해주면 완성!

카메라 촬영 화면 스토리

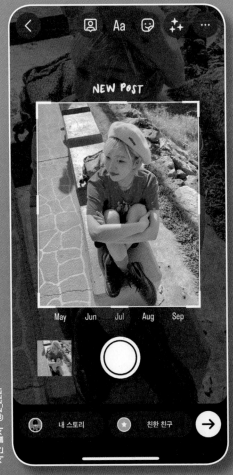

사진 출처 @2_zzzi

따라하기 QR코드

카메라 촬영 화면 디자인을 스토리로 꾸며봅시다.
지금 바로 사진을 찍는 듯한 생생한 분위기를 연출할 수 있어요.

1 사진을 불러옵니다. 만약 비율이 맞지 않는다면 두 번째 사진과 같이 화면이 꽉 차도록 사진을 확대해줍니다. 프레임이 들어올 공간을 고려하여 알맞게 조정해주세요.

2 문자 도구를 열어 첫 번째 폰트로 마침표(.)를 입력한 후 배경 꾸미기를 누르면 검은색 반투명 도형이 생성됩니다. 왼쪽의 크기 조절 바를 최대로 올립니다.

Tip

안드로이드는 오브젝트 확대에 제한이 있어서 두 번째 화면과 같이 도형을 만들면 다음 단계를 진행할 때 작업이 수월해집니다.

3 생성된 반투명 도형을 확대하여 화면을 덮어준 뒤 저장합니다.

4 뒤로 가기를 누른 후 방금 저장한 배경을 다시 불러옵니다.

5 화면 상단의 스티커 메뉴에서 앨범 아이콘을 누르고 원하는 사진을 추가합니다. 사진을 여러 번 눌러 모서리를 직각으로 변경한 후 적절한 크기로 가운데 배치합니다.

6 문자 도구에서 언더 바(_)를 여러 번 입력하여 얇은 긴 막대를 만들어줍니다. 총 네 개의 막대를 생성하여 사진의 테두리에 각각 배치합니다.

Tip

폰트의 종류, 언더 바의 개수, 크기 조절 바를 이용하여 막대의 길이와 굵기를 조정할 수 있습니다.

7 문자 도구에서 'ㄱ'을 입력한 후 모서리마다 각각 배치합니다.

8 언더 바(_)를 입력하여 각 면의 중앙에 배치해 테두리 꾸미기를 마무리합니다. 문자 도구를 다시 눌러 중간점(·)을 입력해 카메라 버튼을 만들어줍니다. 흰색-검은색-흰색 순서로 크기를 달리하여 배치하면 다음과 같은 카메라 버튼을 만들 수 있습니다.

9 화면 왼쪽 하단에 같은 사진을 추가하여 배치합니다. 사진을 여러 번 누르면 정사각형 모양으로 변경할 수 있습니다. 프레임 하단에 들어갈 문구를 입력합니다. 저는 슬로모션, 비디오, 사진 등 촬영 유형 문구 대신 월을 입력했습니다.

10 글자의 일부만 선택한 후 색상을 변경하면 선택된 영역의 글자 색상만 변경할 수 있습니다.

11 스티커 메뉴의 GIF에서 'new post white'를 검색하고 마음에 드는 스티커를 선택하여 배치합니다. 완성!

12 만약 테두리를 만드는 과정이 너무 어렵고 복잡하다면 다음과 같이 생략하여 만들 수도 있습니다.

5장

스마트폰 UI를 활용한 스토리

INSTAGRAM
STORY

사진 촬영 화면 스토리 꾸미기

사진 출처 Unsplash

따라하기 QR코드

카메라의 기본 촬영 화면을 활용한 스토리 꾸미기입니다.
하나하나 꾸미기 귀찮을 때 사용하면 시간도 아낄 수 있으면서
완성도도 함께 챙길 수 있습니다.

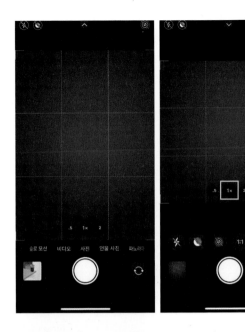

1 카메라 앱을 켠 후 사용할 사진에 맞게 촬영 비율을 선택합니다. 여기서는 1:1 비율을 지정했습니다.

2 스크린샷 기능으로 화면을 캡처한 후 사용할 부분만 잘라서 저장합니다.

3 스토리에서 사진을 불러 온 뒤 화면에 맞게 원하는 크기로 확대해줍니다.

4 화면 상단의 스티커 메뉴 에서 앨범 아이콘을 누르 고 캡처해놓은 카메라 화면 이 미지를 추가합니다.

5 스티커 메뉴를 열고 사진을 추가하여 다음과 같이 배치합니다. 사진을 여러 번 누르면 모서리를 직각으로 변경할 수 있습니다.

6 스티커 메뉴의 GIF에서 'new post white'를 검색하여 스티커를 추가합니다. 완성!

Tip

상단의 효과 필터 메뉴의 다양한 효과들을 활용하면 사진이 더 돋보이게 만들 수 있습니다.

241

사진 편집 화면
스토리 꾸미기

사진 출처 Unsplash

따라하기 QR코드

앨범 앱의 편집 화면을 활용하면 많은 시간을 들이지 않고도
멋진 스토리를 꾸밀 수 있습니다.

1 앨범 앱에서 사진을 선택한 후 편집을 누릅니다. 하단에서 필터 탭을 선택합니다.

2 더 많은 필터들이 보일 수 있도록 중간 정도에 위치한 필터를 선택합니다. 아래에서 필터 강도를 0으로 바꾸면 원본 상태를 유지할 수 있습니다.

3 스크린샷 기능으로 화면을 캡처해 앨범에 저장한 후 스토리로 불러옵니다. 16:9 비율로 수정한 후 불러오면 더 좋습니다.

4 스티커 메뉴의 링크에서 내가 원하는 링크를 넣은 스티커를 추가할 수 있습니다. URL에 주소를 넣고 스티커 텍스트 맞춤 설정을 누르면 원하는 문구를 넣을 수 있습니다. 완료를 누릅니다.

5 생성된 링크 스티커를 배치합니다. 여러 번 눌러서 스티커 디자인을 변경할 수 있습니다.

6 링크 스티커를 추가할 때는 'mouse pointer' 같은 클릭 모션 GIF를 함께 추가하면 더 좋습니다.

스크린샷 두 번으로
고퀄리티 스토리 꾸미기

스크린샷 기능을 활용한 스토리 꾸미기입니다. 아주 짧은 과정으로 높은 퀄리티의 스토리를 얻을 수 있습니다.

1 스크린샷 기능으로 화면을 캡처한 후 원하는 영역을 설정해줍니다.

2 아래에 있는 펜들의 색을 사진 속 색상과 일치시키면 통일감이 생겨 더 자연스러워집니다. 색 변경이 끝났으면 다시 한번 화면을 캡처하여 저장합니다.

3 캡처한 사진을 스토리에
서 불러옵니다.

4 스티커 메뉴에서 링크 아
이콘을 눌러 링크 추가로
이동합니다. URL 주소를 입
력해 주고 원하는 문구로 스
티커를 설정하고 싶으면 아래
에 있는 스티커 텍스트 맞춤
설정을 눌러 자유롭게 문구를
입력합니다. 끝났으면 완료를
누릅니다.

5 생성된 링크 스티커를 적당한 크기로 조절하여 배치합니다. 스티커 메뉴에서 GIF 아이콘을 누르고 new post나 mouse pointer를 검색한 후 마음에 드는 스티커를 선택해 링크 스티커 위에 살짝 걸치게 올려주면 완성!

Tip

링크 스티커는 가급적 화면의 아래쪽에 두는 것을 추천드립니다. 그래야 보는 사람들이 더 손쉽게 접근할 수 있습니다. 마우스 포인터 같은 스티커를 활용하면 자연스럽게 시선 유도가 되기 때문에 클릭률을 높일 수 있습니다.

Chocolate

@ryui_x_story

(INER

3F, 3, Yeon

Aa

내 스토리   친한 친구   →

1994.8p__

LIFEBURG

1994.8p__ 밥없이는 살아도 햄버거 없이는
햄버거 덕후들에게 추천하는 버거맛집 5장소...

내 스토리   친한

2_zzzi

NEW
POST

내 스토리   친한 친구   →

6장

스토리에 게시물 추가하기

INSTAGRAM
STORY

사진 확장하여 스토리 꾸미기

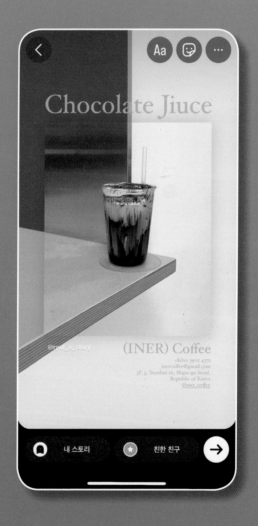

따라하기 QR코드

언더 바(_) 같은 특수 문자를 활용하여 사진 바깥으로 확장시키는 꾸미기 방법입니다. 제가 즐겨 쓰는 방법입니다. 필요한 건 별로 없습니다. 가장자리가 깔끔한 사진, 언더 바(_) 그리고 인내심(?) 정도랄까요.

1 사진 하단의 공유 버튼을 누르고 스토리에 '게시물 추가'를 눌러 스토리 꾸미기로 이동합니다.

2 더보기(⋯)를 눌러 그리기 모드로 전환합니다. 하단 의 스포이드로 배경색으로 사 용할 색상을 사진에서 선택합 니다. 사진에서 가장 많은 면 적을 차지하고 있는 색상을 골 라주면 좋습니다.

3 화면을 길게 눌러 배경 전체를 칠합니다.

4 문자 도구에서 언더 바(_)를 2번 입력한 후 왼쪽의 크기 조절 바를 최대로 올립니다. 색상 탭에서 스포이드를 활용해 사진에서 가장자리와 가장 가까운 색상을 선택합니다.

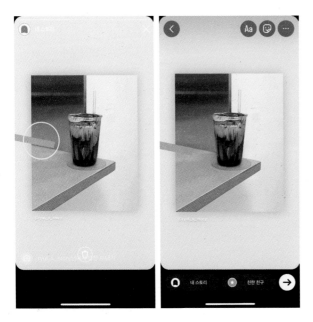

5 사진에서 미리 언더 바와
의 평행을 맞춘 후(중요!)
사진과 자연스럽게 연결되도
록 잘 맞추어 배치합니다.

6 나머지 부분들도 똑같은
방법으로 연장시킨 뒤 사
진을 길게 눌러 맨 앞으로 배
치합니다.

7 그리기 모드에서 펜으로 언더 바 안쪽 영역들을 꼼꼼하게 색칠합니다.

8 선택된 영역은 조금 더 얇은 막대를 이용하여 꾸밀 수 있는데 이 경우 상당히 세밀하게 조작해야 합니다. 아직 조작이 서툴다면 이번 단계는 생략해도 괜찮습니다.

9 텍스트로 사진의 주변을
꾸미고 마무리하면 완성!

좌우 사진 추가하기

사진 출처 @piao.sho

따라하기 QR코드

피드의 게시물을 스토리에 추가할 때 양옆에 사진을 추가하여
꾸미는 방법입니다. 단순히 사진만 추가하는 것이 아닌 그림자를 추가하여
디테일을 높여야 하기 때문에 섬세한 컨트롤이 요구됩니다.
난이도가 높은 만큼 퀄리티를 보장합니다.

1 사진 하단의 공유 버튼을 누르고 '스토리에 게시물 추가'를 눌러 스토리 꾸미기로 이동합니다.

2 사진을 눌러 피드의 게시 유형을 변경합니다.

3 피드 게시물 좌우에 사진이 들어갈 것을 고려하여 알맞은 크기로 조절해줍니다.

4 스티커 메뉴를 열고 앨범 아이콘을 눌러 사진첩에서 두 장의 사진을 불러옵니다.

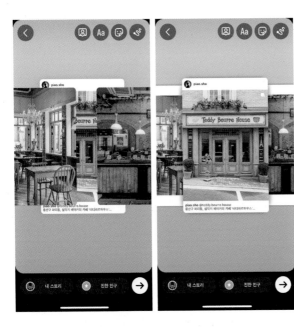

5 사진을 양쪽에 각각 배치
한 뒤 가운데 피드 사진을
눌러 맨 앞으로 꺼내줍니다.

6 흰색 글자의 그림자를 활
용해서 디테일을 높여주
겠습니다. 문자 도구에서 언더
바(_)를 연속해서 세 번 입력하
면 다음과 같은 막대가 생성됩
니다.

267

7 막대의 그림자가 위쪽으로 향하게 돌려준 뒤 크기를 확대해줍니다. 사진의 위쪽에 배치합니다. 막대의 굵기는 메인 사진 테두리의 80% 정도가 적당합니다.

8 똑같은 막대를 하나 더 만들어서 아래쪽에 배치합니다. 그림자가 아래로 향하게 배치합니다.

9 문자 도구에서 네 번째 폰트를 선택한 후 언더 바(_)를 입력하면 다음과 같이 양쪽 끝이 둥근 막대를 만들 수 있습니다. 메인 게시물 위쪽에 맞추어 크기와 위치를 그림자만 사진 밖으로 돌출될 수 있도록 조절합니다.

10 나머지 면도 똑같이 만든 뒤 가운데 게시물을 눌러 맨 앞으로 꺼내줍니다.

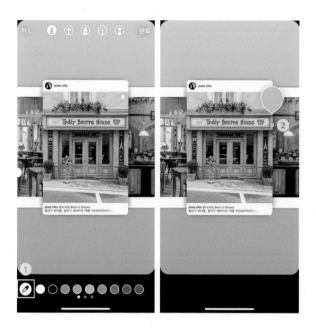

11 그리기 도구에서 스포 이드로 사진 속에서 색상을 추출합니다.

12 화면을 길게 눌러 배경 전체를 칠합니다. 사진에서 색상을 추출하면 훨씬 자연스러운 스토리를 만들 수 있습니다. 위아래 여백에 알맞은 문구를 넣어주며 마무리, 완성! 글자의 색상도 사진 속에서 선택해 변경하면 더 자연스럽습니다.

언더 바로 입체 도형 만들기

따라하기 QR코드

새로 업로드한 게시물, 아직도 스토리에 사진만 덩그러니 올리시나요?
언더 바와 사진 속 색상을 이용하여 꾸미면 팔로워들에게 새 게시물을
훨씬 더 효과적으로 노출할 수 있습니다.

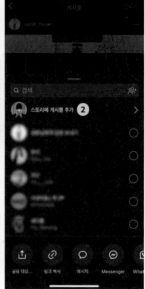

1 사진 하단의 공유 버튼을 누르고 '스토리에 게시물 추가'를 눌러 스토리 꾸미기로 이동합니다.

2 더보기(⋯)를 눌러 그리기 모드로 전환합니다. 아래의 스포이드로 사진 속에서 색상을 추출한 후 화면을 길게 눌러 배경 전체를 칠합니다.

3 문자 도구에서 언더 바(_) 를 입력한 후 왼쪽의 크 기 조절 바를 위로 끝까지 올 립니다.

4 스포이드로 사진 속에서 포인트가 될 만한 색상을 골라 언더 바의 색상을 변경합 니다.

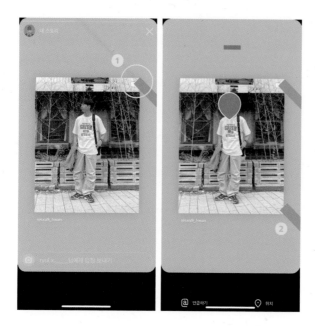

5 생성된 언더 바를 45도 돌려서 사진의 오른쪽 위 모서리에 맞추어 배치합니다. 오브젝트를 회전하면 45도마다 안내선이 보이기 때문에 각도를 조절하기 쉬울 겁니다. 같은 방법으로 언더 바를 하나 더 추가하여 오른쪽 아래 모서리에 배치합니다.

6 이번에는 더 어두운 색상의 언더 바 막대를 하나 더 만든 후 사진의 왼쪽 아래 모서리에 배치합니다. 언더 바 막대들을 모서리 끝에 잘 맞춘 뒤 사진을 누르면 언더 바 위로 정렬됩니다.

7 그리기 모드에서 펜을 이용하여 막대 안쪽 영역을 꼼꼼히 칠합니다. 화면 왼쪽의 펜 굵기 조절 바를 최대로 올리면 더 쉽고 빠르게 칠할 수 있습니다.

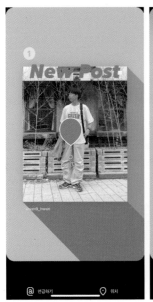

8 문자 도구에서 'New Post'를 입력해 사진 위쪽에 배치합니다. 이 때 글자 색상 역시 사진에서 가져오면 훨씬 더 자연스러운 분위기를 연출할 수 있습니다. 마지막으로 mouse pointer GIF 스티커를 추가하여 사진 위에 추가하면 완성!

스토리에 게시물 추가
배경에 사진 넣기

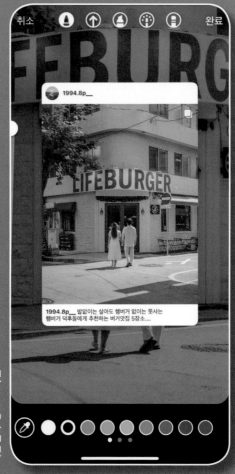

사진 출처 @1994.8p__

따라하기 QR코드

피드의 게시물을 스토리에 추가할 때 사용하면 좋은 방법입니다.
게시물과 같은 사진을 확대하여 배경으로 넣으면 훨씬 더 세련되고
주목도가 높은 스토리를 만들 수 있습니다.

1 스토리에 추가하고 싶은 피드의 사진을 캡처한 후 자체 편집기를 이용하여 다음과 같이 적당한 크기로 잘라줍니다.

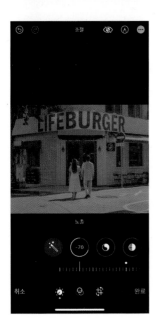

2 카메라 앱에서 사진의 노출값을 낮추어 어둡게 만들어줍니다.

3 다시 피드로 돌아와서 게시물 하단의 보내기 아이콘을 누른 후 '스토리에 게시물 추가'를 누릅니다.

4 스토리 꾸미기 화면으로 이동하게 되는데 여기서 사진을 눌러 표시되는 게시물의 형태를 변경할 수 있습니다.

5 형태를 정했다면 게시물을 화면 위쪽 끝으로 이동해줍니다.

6 화면 상단의 스티커 메뉴를 열고 앨범 모양의 아이콘을 눌러 이전 단계에서 수정한 사진을 불러옵니다.

7 불러온 사진을 화면 위쪽에 약간의 공간을 남기고 확대합니다.

 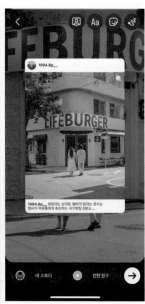

8 손가락 끝으로 틈 사이의 게시물을 누르다 보면 다음과 같이 게시물이 배경 위로 올라오게 됩니다. 정 안 된다 싶으면 틈 공간을 더 여유롭게 조정해주세요.
올라온 게시물의 크기를 알맞게 조정하여 화면의 가운데에 정렬해줍니다.

9 그리기 도구에서 검은색으로 위쪽의 틈새를 칠하면 스토리로 올렸을 때 전혀 티가 나지 않게 됩니다.

Before

After

10 완성된 스토리입니다. 배경에 사진만 추가했을 뿐인데 확연히 다른 분위기를 느낄 수 있습니다.

난이도 ★★☆☆☆

사진 속 색상으로 만드는
팔레트 스토리

사진 출처 @sae.na_0

따라하기 QR코드

사진 속의 색감을 활용한 스토리 꾸미기입니다.
다양한 색상들과 함께 스토리를 더 다채롭게 꾸며보세요!

1 피드의 사진 하단에 있는 공유하기 아이콘을 누른 후 '스토리에 게시물 추가'를 선택하면 스토리 꾸미기 화면으로 넘어갑니다.

2 사진을 눌러 스토리에 표시될 형태를 선택합니다.

3 사진의 크기를 알맞게 조정해줍니다. 문자 도구를 열어 원하는 문구를 입력한 후 사진 위쪽에 배치합니다.

4 재르시 키보드 등의 앱을 이용해 O 모양의 기호를 찾아 입력합니다. 링 모양 기호를 한 줄 입력한 후 사진 아래쪽에 배치합니다.

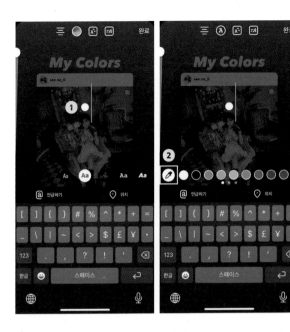

5 다시 문자 도구를 열어 중간점을 입력한 후 색상표에서 스포이드를 누릅니다.

6 색상이 변경된 중간점을 이전에 배치해 둔 O 기호 위에 올립니다.

7 사진 속 다양한 색상들을 이용하여 다음과 같이 꾸며줍니다.

8 화면 오른쪽 상단의 더보기(…)를 누른 후 그리기 도구를 눌러 모드를 변경합니다. 스포이드를 누릅니다.

9 스포이드로 원하는 색상을 선택하고 화면을 꾸욱 눌러주면 배경 전체가 칠해집니다.

10 스티커 메뉴에서 GIF로 들어가서 검색창에 'mouse pointer'를 검색합니다. 마음에 드는 스티커를 골라 배경색과 일치하는 색상 원 위에 올리면 완성!

뉴 포스트 폴더 정렬 스토리

사진 출처 @jin4h_

따라하기 QR코드

새로운 게시물을 스토리에 올리고 싶을 때, 대표 사진뿐만 아니라
다른 사진들도 함께 올릴 수 있는 스토리 꾸미기입니다.

1 사진 하단의 공유 버튼을
  누르고 '스토리에 게시물
  추가'를 눌러 스토리 꾸미기로
  이동합니다.

2 더보기(…)를 눌러 그리기
  모드로 전환해줍니다. 아
  래 색상표에서 색상을 선택한
  후 화면을 길게 눌러 배경 전
  체를 칠합니다.

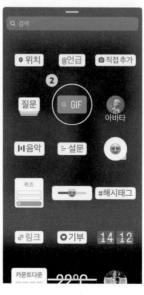

3 완료를 눌러 그리기 모드를 종료한 후 상단의 스티커 메뉴에서 GIF를 누릅니다.

4 'folder'를 검색하여 스티커를 추가하고 왼쪽 상단에 배치합니다. 그 옆에 폴더 문구를 입력합니다.

5 스티커 메뉴에서 앨범 아이콘을 누르면 사진첩에서 사진을 불러올 수 있습니다. 원하는 사진을 불러옵니다.

6 불러온 사진을 여러 번 눌러 직각 모서리로 변경한 후 안내선을 활용하여 하단 중앙에 배치합니다. 같은 방법으로 나머지 사진들도 추가해서 동일한 간격으로 배치합니다.

7 스티커 중 GIF를 선택한 후 'mouse pointer'를 검색하고 추가하여 대표 사진과 동일한 사진 위에 올립니다.

NewPost.png

8 파일명을 입력하여 사진 하단에 배치하면 완성!

이모티콘으로 배경 만들기

사진 출처 @2_zzzi

따라하기 QR코드

이모지를 활용한 뉴 포스트 스토리 꾸미기입니다. 간편하고 빠르게
새로운 게시물을 스토리에 자랑하고 싶을 때 매우 적합합니다.

1 스토리에 올리고 싶은 피드 게시물 화면을 캡처합니다. 편집 화면에서 사진과 같이 잘라 저장합니다.

2 스토리로 불러온 뒤 화면이 꽉차도록 알맞게 조정해줍니다. 스티커 메뉴를 열어 앨범에서 방금 캡처한 이미지를 불러옵니다.

3 그리기 도구에서 형광펜을 선택하고 스포이드로 사진 속에서 메인 색상을 지정해줍니다. 화면을 꾹 눌러 배경 전체를 칠합니다.

4 배경색과 비슷한 색상의 이모티콘들을 여러 개 입력한 후 복사해서 여러 줄로 붙여 넣습니다.

5 생성된 이모티콘들이 화면에 골고루 잘 보이도록 알맞게 배치합니다. 이모티콘 사이로 사진을 선택하여 맨 위로 올립니다. 만약 사진이 잘 선택되지 않는다면 앨범에서 다시 불러와서 그 위에 덮어줍니다.

6 GIF 스티커(new post)를 사진 위에 올려줘 마무리하면 완성! 배경에 사용한 이모티콘들을 각각 하나씩 사진에 걸치면 더 좋습니다.

움직이는 효과 필터로
게시물을 더 돋보이게!

사진 출처 @portrait_coffeebar

따라하기 QR코드

피사체 분리 기능과 Platan 효과를 활용한 힙한 스토리 꾸미기입니다. 손이 많이 가지만 익혀두면 다양하게 활용할 수 있고 무엇보다 트랜디한 디자인이기에 주목도를 확실하게 높일 수 있습니다.

1 피드 화면을 캡처한 후 다음과 같이 영역을 조절하여 앨범에 저장합니다.

2 배경으로 쓰일 사진 한 장을 불러온 다음 오른쪽 상단의 더보기(…)를 눌러 그리기 모드로 전환합니다. 아래의 스포이드로 배경색으로 사용할 색상을 사진에서 선택합니다.

3 화면을 누르고 있으면 선택한 색상으로 배경 전체가 칠해집니다. 스티커 메뉴에서 앨범 아이콘을 눌러 같은 사진을 추가합니다.

4 추가된 사진의 크기를 알맞게 조절한 후 위아래에 원하는 문구를 넣습니다.

5 더보기(…)를 누른 뒤 배경을 저장합니다. 뒤로 가기를 누르고 저장한 배경을 불러옵니다.

6 상단의 '효과 꾸미기' 아이콘을 눌러 'Platan' 효과를 적용해줍니다.

7 처음 캡처해 두었던 피드 이미지를 스티커 메뉴에서 추가합니다.

8 사진첩으로 이동합니다. 사진의 피사체를 길게 터치하여 배경과 분리한 후 복사하기를 누릅니다(iOS 16 이상, 아이폰 SE 기준).

> **Tip**
> 피사체 분리 기능이 없는 기기는 www.remove.bg에서 무료로 이용할 수 있습니다.

PART 6 스토리에 게시물 추가하기

9 다시 인스타그램으로 돌아와서 문자 도구에서 빈 화면을 탭해 복사한 사진을 붙여 넣은 뒤 알맞은 크기로 조절합니다.

10 사진과 잘 어울리는 GIF 스티커를 추가해주면 완성!

뉴 포스트 구글 검색창

사진 출처 @sae.na_0

따라하기 QR코드

구글 검색창의 디자인 요소를 가미한 깔끔하고 활용도 높은 스토리 꾸미기입니다. 들어가는 오브젝트가 많고 과정이 다소 복잡하지만 그만큼 실력도 금방 상승할 수 있을 겁니다. 작업이 너무 어렵게 느껴진다면 7번, 10번은 생략해도 괜찮습니다.

1 피드에서 사진 하단의 공유 아이콘을 누른 뒤 '스토리에 게시물 추가'를 눌러 스토리 꾸미기 화면으로 이동합니다.

2 더보기(…)를 눌러 그리기 모드로 전환합니다. 하단의 색상표에서 흰색을 선택한 후 화면을 길게 눌러서 배경 전체를 칠합니다.

3 게시물 대표 사진의 크기를 적절하게 조절한 다음 안내선에 맞춰 왼쪽 상단에 배치합니다.

4 화면 상단의 스티커 메뉴에서 앨범 아이콘을 눌러 원하는 사진을 추가합니다. 이때의 사진은 처음 사진과 같은 비율이어야 합니다.

5 불러온 사진을 여러 번 눌러 모서리를 직각으로 변경한 후 처음 사진과 같은 크기로 조절하여 아래쪽에 배치합니다. 같은 방법으로 세 장의 사진을 더 추가합니다. 나머지 사진들은 정사각형 크기로 변경한 후 최대한 같은 간격으로 오른쪽에 배치합니다.

6 문자 도구에서 표시된 폰트로 언더 바( )를 입력한 후 왼쪽 크기 조절 바를 최대로 올립니다. 다음과 같이 확대하여 화면의 아래쪽에 배치합니다.

7 똑같이 하나 더 생성해서 이번에는 그림자가 위쪽으로 향하게 돌린 뒤 겹쳐서 배치합니다. 만약 그림자가 사라졌을 경우 색상표에서 흰색을 한 번 더 누르면 돌아옵니다.

8 스티커 메뉴에서 GIF로 들어가 'google'을 검색합니다. 표시된 스티커를 선택해 미리 만든 그림자 프레임 위에 올립니다.

307

9 구글 검색 디자인의 요소 중 하나인 카테고리를 입력합니다. 글자가 희미하게 보이도록 회색으로 변경합니다.

10 문구에서 'Images'만 부분 선택한 후 하늘색으로 변경합니다.

11 카테고리 문구를 검색창 상단에 배치 후 언더 바(_)로 긴 막대를 만들어 Images 위쪽에 배치합니다. 그리고 New Post를 입력해 검색창 위에 올립니다.

Tip

안드로이드는 GIF가 맨 앞으로 고정되는 문제가 있어 글자나 사진 등을 위에 올릴 수 없습니다.
더보기(…)를 눌러 저장한 후 다시 불러와서 작업해야 합니다. 이 경우 대신 나중에 수정은 할 수 없습니다.

12 마지막으로 mouse pointer GIF 스티커를 게시물 사진 위에 올려 주면 완성!

인스타 스토리,
어디까지 꾸며봤니

2023년 8월 23일 초판 1쇄 인쇄
2023년 8월 30일 초판 1쇄 발행

지은이 | 공률
펴낸이 | 이종춘
펴낸곳 | (주)첨단

주소 | 서울시 마포구 양화로 127 (서교동) 첨단빌딩 3층
전화 | 02-338-9151
팩스 | 02-338-9155
인터넷 홈페이지 | www.goldenowl.co.kr
출판등록 | 2000년 2월 15일 제2000-000035호

본부장 | 홍종훈
편집 | 문다해
교정 | 강민철
디자인 | 조수빈
전략마케팅 | 구본철, 차정욱, 오영일, 나진호, 강호묵
제작 | 김유석
경영지원 | 이금선, 최미숙

ISBN 978-89-6030-621-9 13320

황금부엉이에서 출간하고 싶은 원고가 있으신가요? 생각해보신 책의 제목(가제), 내용
에 대한 소개, 간단한 자기소개, 연락처를 book@goldenowl.co.kr 메일로 보내주세요.
집필하신 원고가 있다면 원고의 일부 또는 전체를 함께 보내주시면 더욱 좋습니다. 책
의 집필이 아닌 기획안을 제안해주셔도 좋습니다. 보내주신 분이 저 자신이라는 마음으
로 정성을 다해 검토하겠습니다.

INSTAGRAM
STORY